Une nouvelle édition de l'Express végétarien...
Quelle bonne nouvelle! C'est signe que vous êtes nombreux
à avoir envie de faire un virage vers le végétarisme.
Pour un jour ou pour toujours...

Bon appétit!

L'express **végétarien**

150 recettes de 30 minutes

Marie-Claude Morin
mariecmorin@hotmail.com

MODUS VIVENDI

LES PUBLICATIONS MODUS VIVENDI INC.
55, rue Jean-Talon Ouest, 2ᵉ étage
Montréal (Québec) H2R 2W8
Canada

www.modusaventure.com

Première édition parue en 2005 sous le même titre.

Directeur éditorial et artistique : Marc Alain
Designer graphique : Émilie Houle
Photographes : David Radburn et André Rozon; studio de photographie Headlight
Stylistes culinaires et accessoiristes : Marie-Claude Morin, André Rozon et David Radburn
Réviseurs : Noémie Fallu, Réal Morin et Jeannine Veilleux

ISBN : 978-2-89523-620-7

Dépôt légal – Bibliothèque et Archives nationales du Québec, 2009
Dépôt légal – Bibliothèque et Archives Canada, 2009

Nous reconnaissons l'aide financière du gouvernement du Canada par l'entremise du Programme d'aide au développement de l'industrie de l'édition (PADIÉ) pour nos activités d'édition.

Gouvernement du Québec — Programme de crédit d'impôt pour l'édition de livres — Gestion SODEC

Imprimé au Canada

Table
des délices

L'auteure
MARIE-CLAUDE MORIN

Animatrice à la radio RockDétente en Outaouais et mère de trois enfants, Marie-Claude Morin vous propose le fruit de ses aventures culinaires.

De la même auteure
La bible des soupes
Recettes pour bébés et enfants

Introduction

Vous avez envie de bien manger ?

Vous avez envie de consommer des produits sains ? Vous avez envie de vous simplifier la vie ? C'est possible. On a tendance à penser que la cuisine végétarienne est une aventure complexe. Ce livre vous donnera la preuve du contraire. Je suis végétarienne. Je suis instinctive. J'aime la bonne bouffe. Et comme vous, peut-être, je suis une maman à la course qui concilie travail, famille et alimentation. J'ai appris à cuisiner rapidement. Les minutes que l'on sauve dans la cuisine, on peut les récupérer à écouter nos enfants nous raconter leur journée, à discuter entre amis ou à regarder notre amoureux dans le blanc des yeux. Il faut apprécier les belles et bonnes choses de la vie. *L'express végétarien* s'adresse aux végétariens, mais aussi aux gens qui auraient envie de tenter l'expérience une fois de temps en temps.

VARIÉTÉ. Certaines personnes naissent végétariennes, certaines le deviennent au fil du temps, alors que d'autres tentent l'expérience occasionnellement. On mange végétarien pour toutes sortes de raisons : par goût, par envie, par principe, par respect. Il faut se donner la liberté d'être végétarien selon ce qui nous convient. Vous verrez que la cuisine végétarienne est très imaginative. Entre les légumineuses, le tofu, les céréales, les fruits et les légumes, l'éventail des possibilités est grand. Il faut y mettre un peu d'effort, c'est vrai, mais le résultat est varié, coloré et invitant.

SIMPLICITÉ ET RAPIDITÉ. On se creuse souvent la tête pour rien. Les choses simples sont souvent les meilleures. Les saveurs prennent tout leur sens dans la simplicité et ce livre se veut sans prétention. Les listes d'ingrédients ne sont pas très longues et les étapes pour réaliser les recettes sont faciles. *L'express végétarien* contient beaucoup de recettes inventées sous pression avec des « J'ai faaaaim… » dans les oreilles. Il comprend également beaucoup de grands classiques revisités. Il cache aussi des trésors de famille qui ont traversé le temps et quelques trouvailles toutes personnelles. Certaines recettes vous demanderont un peu plus de temps, mais elles se font en général en moins de 30 minutes.

ACCESSIBILITÉ. Il m'est souvent arrivé de feuilleter des livres de recettes inspirants, puis de me décourager en lisant la liste des ingrédients. C'est ce qui m'a donné envie de vous proposer un livre de recettes accessibles. Vous n'aurez pas à courir les épiceries spécialisées pour trouver tel ou tel ingrédient. Vous dénicherez tout tout tout, partout. Vous ne retrouverez pas non plus d'informations nutritionnelles dans ce livre. Je laisse le soin aux professionnels de la santé de vous causer de nutrition et du merveilleux monde des glucides et des lipides. Ce livre n'en est pas un de privations, ni de calculs. C'en est un de bonnes habitudes alimentaires. Optons pour des principes de base qui font appel au gros bon sens. Pas trop de gras. Pas trop de sucre. Et le moins de produits transformés possible.

GARDE-MANGER. À chacun ses grandes tendances. À chacun ses produits chouchous. Il y a des aliments qui dépannent dans toutes sortes de situations. J'aime bien garder en réserve des pignons, des amandes, des graines de sésame, des boîtes de tomates italiennes, des légumineuses, des pâtes, du bouillon de légumes, de l'huile d'olive, des oignons, de l'ail, des carottes, du tofu... C'est ce que j'appelle des ingrédients miracles.

IMPROVISER. Le goût de faire de la cuisine vient avec le temps et la pratique. Tout comme la confiance et l'instinct d'ailleurs. Au fil des recettes, j'espère que vous aurez envie de modifier, de déborder, d'ajouter votre touche personnelle. Cela deviendra alors VOTRE livre de recettes.

Bonne bouffe !

Marie-Claude.

Pour se mettre en appétit

Entrées

Quand l'estomac commence à gronder, il faut passer à l'action. Voici une gamme d'entrées et de petites bouchées légères que vous pourrez pour la plupart préparer d'avance. Rien de trop lourd pour vous couper l'appétit... Vous aurez encore de la place pour la suite des événements.

Mini-tomates
au fromage

Une entrée sans gâchis. Chaque tomate est une bouchée. Donne 25 bouchées.

25	mini-tomates	
1/2 tasse	fromage à la crème	125 g
2 c. à soupe	pignons, grillés	30 ml

1 Faire griller les pignons quelques minutes dans une poêle à feu moyen.

2 Couper la tête des mini-tomates. Les vider de leurs pépins avec une toute petite cuillère.

3 Dans un bol, faire ramollir le fromage quelques secondes au micro-ondes. Mélanger le fromage aux pignons. Remplir les tomates. On peut ajouter quelques branches de persil pour colorer cette entrée.

PIGNONS - On les appelle aussi noix de pin, puisqu'ils sont le fruit des pommes de pin. Ce sont des noix fantastiques qui gagnent en saveur une fois grillées.

Mini-tomates au fromage

Quesadillas
au fromage

Les feuilles de basilic frais rendent le contenu de ces quesadillas explosif.
Une belle recette de fin d'été. Pour 4 à 6 personnes.

3 grandes	**tortillas**	
1/4 tasse	**fromage de chèvre crémeux**	50 g
1	**courgette, coupée en rondelles**	
3	**tomates italiennes, tranchées**	
1/4 de tasse	**oignon, haché**	60 ml
15 feuilles	**basilic**	
1/2 tasse	**cheddar, râpé**	50 g

1 Étendre le fromage de chèvre sur la moitié des tortillas.

2 Dans une poêle, faire revenir les rondelles de courgette jusqu'à ce qu'elles soient tendres.

3 Ajouter sur le fromage de chèvre : l'oignon, les tranches de tomates, la courgette, le basilic et le cheddar. Replier les tortillas.

4 Faire rôtir dans une poêle avec un peu d'huile jusqu'à ce que le fromage soit fondu et le pain croustillant. Couper en deux et servir. Vous pouvez tout aussi bien prendre de petites tortillas telles que présentées sur la photo.

Quesadillas au fromage

Guacamole

Pour 4 personnes. Servir avec des nachos qui craqueront sous la dent.
Vous craquerez pour la texture et la finesse de cette trempette.

2	**avocats bien mûrs**	
2 c. à soupe	**jus de citron frais**	30 ml
2 c. à thé	**huile d'olive**	10 ml
1	**tomate, coupée en dés**	
1	**gousse d'ail, pressée**	
1 pincée	**sucre**	
au goût	**sel et poivre**	

1 Réduire les avocats en purée à la fourchette ou au robot culinaire.

2 Ajouter les autres ingrédients, dont la tomate épépinée. Servir aussitôt puisque les avocats ont tendance à noircir rapidement.

Salsa
à la coriandre

Pour quelques personnes en entrée. On peut facilement doubler, tripler et même quadrupler la recette selon le nombre de personnes. Vous verrez rapidement le fond du bol.

1	**tomate**	
1/4 de tasse	**oignon rouge**	60 ml
1/4 de tasse	**coriandre fraîche**	60 ml
1/4 de tasse	**jus de tomate**	60 ml
1	**piment chili, haché**	
au goût	**sel et poivre**	

1 Dans un bol, mélanger la tomate et l'oignon coupés en dés.

2 Ajouter la coriandre hachée, le jus de tomate et le piment. La coriandre est l'ingrédient magique de cette recette.

Salsa à la coriandre et guacamole

Hummus

Il n'est pas nécessaire de faire du hummus avec une boîte complète de pois chiches.
On évite de cette façon d'en manger pendant des jours et des jours.
Servir avec des pointes de pita grillé ou des légumes.

1 1/2 tasse	**pois chiches en boîte**	375 ml
1	**gousse d'ail**	
3 c. à soupe	**jus de citron frais**	45 ml
1 c. à soupe	**huile d'olive**	15 ml
3 c. à soupe	**eau**	45 ml
1 c. à soupe	**tahini**	15 ml
1/2 c. à thé	**sel**	2,5 ml
au goût	**poivre**	

1 Mélanger tous les ingrédients au robot culinaire jusqu'à l'obtention d'une consistance crémeuse. Dans cette recette, l'eau remplace facilement une plus grande quantité d'huile d'olive. Et c'est tout aussi bon. Pour la présentation, verser un peu d'huile sur le dessus et saupoudrer de persil frais.

Pita grillé

Pour 4 personnes. Voici la recette d'une entrée passe-partout. Les pointes de pita grillé accompagnent merveilleusement bien hummus, guacamole et trempette.

4	**pains pita**	
au goût	**huile d'olive**	
au goût	**cumin moulu**	
au goût	**paprika**	

1 Couper les pains pita en pointes. Mettre un peu d'huile d'olive sur chacune des pointes. Saupoudrer de cumin moulu ou de paprika.

2 Mettre au four à 400 °F (200 °C) jusqu'à ce que le pain soit croustillant, soit environ une dizaine de minutes.

Hummus et pita grillé

Petit pain
au brie

Le goût sucré de ces petites bouchées saura surprendre vos papilles gustatives.
Donne 12 bouchées.

1	**pain baguette**	
au goût	**moutarde de Dijon**	
12 tranches	**fromage brie**	
12	**pacanes, grillées**	
1 filet	**sirop d'érable**	

1 Dans une poêle, faire griller les pacanes à sec quelques minutes à feu moyen.

2 Couper 12 tranches de pain baguette et tartiner de moutarde de Dijon. Déposer sur chacune une tranche de brie et une pacane grillée.

3 Ajouter un filet de sirop d'érable sur chaque bouchée. Mettre au four à 350 °F (175 °C) jusqu'à ce que le fromage soit fondant.

Petit pain
parmesan

Voici une recette facile pour une entrée au fromage.
Elle peut très bien accompagner une salade. Donne 12 bouchées.

1	**pain baguette**	
1/3 de tasse	**fromage à la crème**	100 g
1/3 de tasse	**persil frais, haché**	75 ml
2 c. à soupe	**parmesan frais, râpé**	30 ml

1 Couper 12 tranches de pain baguette.

2 Dans un bol, mélanger le reste des ingrédients et étendre sur le pain.

3 Mettre au four à 350 °F (175 °C) jusqu'à ce que ce soit chaud.

Petits pains

Dans l'ordre, du plus près au plus éloigné : Petit pain au brie, Petit pain aux oignons, Petit pain bruschetta, Petit pain parmesan.

Petit pain
bruschetta

Une version fromagée de ce grand classique. Choisissez une belle grosse gousse d'ail.
Donne 12 bouchées. En saison, utiliser des herbes fraîches pour donner
encore plus de goût à cette entrée.

1	**pain baguette**	
1	**gousse d'ail, hachée**	
2	**tomates, coupées en dés**	
2 c. à thé	**huile d'olive**	10 ml
1/4 de tasse	**oignon rouge, haché**	60 ml
1 c. à thé	**basilic séché**	5 ml
1 c. à thé	**persil séché**	5 ml
1 tasse	**cheddar fort, râpé**	100 g
1 pincée	**paprika**	

1 Couper 12 tranches de pain baguette.

2 Dans un bol, mélanger les tomates épépinées, l'huile d'olive, l'oignon, l'ail et les herbes.

3 Déposer sur le pain. Ajouter le fromage et saupoudrer de paprika pour décorer.

4 Faire cuire 15 minutes au four à 350 °F (175 °C) avec une finale sous le gril pour faire dorer le fromage.

Petit pain
aux oignons

Les enfants se ruent toujours sur ces petites bouchées aux oignons
qui obtiennent une note parfaite. Donne 12 bouchées.

1	**pain baguette**	
au goût	**mayonnaise**	
1/3 de tasse	**échalote française**	75 ml
1 1/2 tasse	**cheddar fort, râpé**	150 g
1 pincée	**paprika**	

1 Couper 12 tranches de pain baguette et tartiner de mayonnaise.

2 Ajouter l'échalote française hachée finement puis le fromage cheddar. Saupoudrer de paprika pour décorer.

3 Faire chauffer 15 minutes au four à 350 °F (175 °C) avec une finale sous le gril pour faire dorer le fromage.

CHEDDAR - C'est un fromage que l'on consomme beaucoup au Québec, mais dont le pays d'origine est l'Angleterre. En fait, Cheddar est le nom d'une petite ville du sud de l'Angleterre. On aime pouvoir choisir le cheddar de doux à très fort.

Camembert
fondant

Le secret de cette recette est de faire chauffer le fromage juste à point, ramolli...
mais pas trop. Pour 4 personnes. Servir avec des fruits frais et du pain.

1	fromage camembert rond	170 g
1 c. à soupe	pesto (voir recette page 92)	15 ml
3 c. à soupe	pacanes	45 ml

1 Hacher les pacanes et les faire griller à sec dans une poêle quelques minutes à feu moyen.

2 Étendre le pesto sur le dessus du fromage. Ajouter les pacanes grillées.

3 Envelopper le fromage dans du papier d'aluminium et mettre au four à 300 °F (150 °C). Toucher le fromage et servir quand on le sent fondant.

CAMEMBERT - Marie Harel était une fermière de Camembert en Normandie. C'est elle qui aurait mis au point la recette du camembert vers la fin des années 1700. C'est un des fromages français les plus connus dans le monde.

Camembert fondant

Galettes
de polenta

Si vous avez envie de faire changement des entrées servies sur pain baguette.
Donne une trentaine de bouchées servies sur polenta.

Pour la polenta

1 tasse	**semoule de maïs**	250 ml
4 tasses	**eau**	1 litre
1 pincée	**sel**	
1 c. à soupe	**huile d'olive**	15 ml

Pour la garniture

1/4	**oignon espagnol, haché**	
1	**gousse d'ail, pressée**	
2	**tomates, épépinées et coupées en dés**	
2 c. à soupe	**persil, haché**	30 ml
1 c. à thé	**huile d'olive**	5 ml
1 c. à thé	**vinaigre balsamique**	5 ml
1 c. à thé	**jus de citron**	5 ml

1 Dans un chaudron, faire bouillir l'eau avec le sel. Ajouter graduellement la semoule de maïs. Brasser le mélange quelques minutes. Étendre en une couche mince sur une plaque à biscuits. Laisser refroidir avant de couper à l'emporte-pièce selon la forme de votre choix.

2 Dans une poêle, faire rôtir les morceaux de polenta dans l'huile d'olive à feu moyen.

3 Dans un bol, mélanger les ingrédients de la garniture. Déposer le mélange à l'aide d'une cuillère sur chacun des morceaux de polenta. Servir.

Galettes
de tofu

Ces petites entrées font penser à de minuscules pizzas.
Le tofu remplace la pâte. Donne 6 galettes.

6 tranches	**tofu**	
3 tranches	**oignon rouge**	
1	**tomate**	
6	**olives kalamata**	
1/8 de tasse	**fromage de chèvre crémeux**	30 ml

1 Couper le tofu en tranches d'environ 3/4 de pouce (1 cm).

2 Sur chaque tranche de tofu, déposer 1/2 tranche d'oignon, la tomate coupée en dés, les olives en morceaux et le fromage.

3 Déposer sur une plaque à biscuits huilée. Mettre la grille du four très bas de façon à ce que l'élément chauffe le tofu et le fasse devenir croustillant.

4 Faire cuire une quinzaine de minutes à 450 °F (230 °C).

28   Trempettes aux haricots, au cari, aux gourganes et au poivron

Dans le sens des aiguilles d'une montre en commençant par en haut à droite : trempette aux haricots, trempette au cari, trempette aux gourganes, trempette au poivron.

Trempette
aux haricots

Voici une recette de trempette facile, pas trop riche. Vous verrez qu'elle a beaucoup de caractère. Elle vous rappellera le goût de certaines vinaigrettes asiatiques. Donne environ 2 tasses (500 ml) de trempette.

2 tasses	**haricots blancs en boîte**	500 ml
1/3 de tasse	**eau**	75 ml
1/4 de tasse	**crème sure légère**	60 ml
2 c. à thé	**huile de sésame**	10 ml
2 c. à thé	**vinaigre de riz**	10 ml
1/2 c. à thé	**coriandre moulue**	2,5 ml
1/4 c. à thé	**cumin**	1 ml
au goût	**sel et poivre**	

1 Mélanger tous les ingrédients au robot culinaire. On peut ajouter 1 c. à thé (5 ml) de graines de sésame grillées avant de servir pour un goût encore plus prononcé ou simplement pour décorer.

Trempette
au cari

Le cari donne une petite touche spéciale à cette trempette. Servir avec des bâtonnets de légumes, particulièrement des carottes et des courgettes.
Donne environ 2 tasses (500 ml) de trempette.

1 tasse	**crème sure légère**	250 ml
1/2 tasse	**sauce chili**	125 ml
1/4 tasse	**mayonnaise**	60 ml
2 c. à thé	**vinaigre de vin rouge**	10 ml
1 c. à thé	**cari en poudre**	5 ml
au goût	**sel et poivre**	

1 Mélanger tous les ingrédients ensemble.

2 Décorer de morceaux de fromage feta (facultatif).

Trempette
aux gourganes

Vous allez retrouver des gourganes en boîte à l'épicerie. Elles sont savoureuses.
Il arrive qu'on leur donne le nom de fèves de marais.
Donne environ 1 1/2 tasse (375 ml) de trempette.

1 tasse	**gourganes en boîte**	250 ml
1/2 tasse	**mayonnaise**	125 ml
2	**oignons verts, en morceaux**	
2 c. à soupe	**vinaigre de cidre**	30 ml
1 pincée	**cari**	
au goût	**sel et poivre**	

1 Réduire les gourganes en purée au robot culinaire.

2 Ajouter les autres ingrédients. Décorer d'oignons verts.

Trempette
au poivron

Le poivron grillé procure une saveur exquise à cette trempette.
Donne environ 1 1/2 tasse (375 ml) de trempette.

1	poivron orange	
1 tasse	fromage cottage	250 ml
1/2 tasse	fromage feta	50 g
1/2	gousse d'ail	
au goût	sel et poivre	

1 Sur une plaque à biscuits, faire rôtir le poivron au four sur la grille du haut à 500 °F (260 °C) en le tournant une fois de temps en temps. Attendre que la peau noircisse.

2 Déposer le poivron dans un plat fermé hermétiquement. Une fois refroidi, enlever la peau, le cœur et les pépins. Réduire en purée au robot culinaire avec le reste des ingrédients.

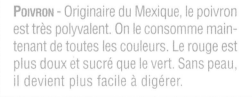

POIVRON - Originaire du Mexique, le poivron est très polyvalent. On le consomme maintenant de toutes les couleurs. Le rouge est plus doux et sucré que le vert. Sans peau, il devient plus facile à digérer.

Bouchées

aux champignons

Voici la preuve vivante d'un beau mariage entre le tofu et les champignons.
Donne 10 entrées originales et belles à regarder.

10	**champignons**	
1 c. à soupe	**jus de citron**	15 ml
1	**gousse d'ail, hachée finement**	
10 cubes	**tofu**	100 g
2 c. à thé	**huile d'olive**	10 ml
1 c. à thé	**tamari**	5 ml
1 c. à soupe	**graines de sésame**	15 ml
au goût	**sel et poivre**	

1 Faire tremper les champignons équeutés dans l'eau une quinzaine de minutes.

2 Dans une poêle, à feu élevé, faire revenir les cubes de tofu dans l'huile d'olive avec le tamari. Une fois le tofu doré, ajouter les graines de sésame. Elles vont coller au tofu. Réserver.

3 Reprendre la même poêle pour faire revenir l'ail, les champignons et le jus de citron. Laisser les saveurs se mélanger.

4 Déposer un cube de tofu dans chaque capuchon de champignon. Faire tenir avec un cure-dent.

Bouchées aux champignons, de chèvre et de feta

En bas : bouchée aux champignons, en haut à gauche : bouchée de chèvre, en haut à droite : bouchée de feta.

33

Bouchées
de chèvre

Une recette d'une grande simplicité. L'utilisation d'ingrédients de qualité assurera le succès de cette entrée. Donne 12 bouchées divines.

2	poivrons rouges	
1/3 de tasse	fromage de chèvre crémeux	75 g

1 Sur une plaque à biscuits, faire rôtir les poivrons au four sur la grille du haut à 500 °F (260 °C) en les tournant régulièrement. Attendre que la peau soit noircie.

2 Laisser refroidir les poivrons dans un plat fermé hermétiquement ou dans un bol sur lequel on peut déposer une pellicule plastique.

3 Une fois refroidis, enlever avec délicatesse la peau, le cœur et les pépins.

4 Couper les poivrons grillés en lanières. Mettre un bout de fromage de chèvre dans chaque lanière et rouler. Faire tenir avec un cure-dent.

Bouchées
de feta

Une entrée au fromage comme on les aime. Choisir un feta de bonne qualité.
Donne une douzaine de bouchées dont le mélange sucré-salé est charmant.

1	**courgette**	
25	**canneberges séchées**	
3/4 de tasse	**fromage feta, en cubes**	75 g

1 Couper la courgette en tranches minces dans le sens de la longueur. Une courgette moyenne donne environ six belles tranches.

2 Déposer sur une plaque à biscuits avec un peu d'huile d'olive et faire cuire sur la grille du haut à 500 °F (260 °C). Tourner les tranches en milieu de parcours et bien surveiller qu'elles ne brûlent pas. Vous en aurez pour 10 à 15 minutes.

3 Une fois bien cuites, couper les tranches en deux.

4 Garnir chaque tranche d'un cube de feta et rouler.

5 Ajouter les canneberges sur le dessus. Faire tenir avec un cure-dent.

 PIGNONS - Fromage grec fait à partir de lait de chèvre, de brebis ou de vache. Il se vend aussi en version moitié-moitié.

Roulés
de légumes

Des roulés végétariens que vous pourrez servir à la manière de sushis.
Pour 6 personnes en entrée.

4	**courgettes**	
10	**asperges**	
1/2	**poivron rouge, coupé en lanières**	
1	**concombre, épépiné**	
5 grandes	**tortillas**	
3/4 de tasse	**hummus (Voir recette page 18)**	180 ml

1 Couper les courgettes en tranches minces dans le sens de la longueur. Déposer sur une plaque à biscuits avec un peu d'huile d'olive et faire cuire une dizaine de minutes à 500 °F (260 °C). Réserver.

2 Faire cuire les asperges et le poivron rouge à la vapeur quelques minutes.

3 Couper le concombre en lanières dans le sens de la longueur. Épépiner.

4 Étendre du hummus sur chacune des tortillas. Déposer les tranches de courgettes côte à côte, avant de mettre dans l'autre sens, asperges, poivron et concombre.

5 Rouler serré et couper en rondelles.

Roulés de légumes

Mini-pitas
aux œufs

Donne 24 bouchées. Le tofu rend cette recette légère. La tartinade aux oeufs peut aussi être utilisée pour garnir des bouts de céleri et vos sandwichs.

24	**mini-pitas**	
1 pincée	**paprika moulu**	
1 filet	**huile d'olive**	
1/3 de bloc	**tofu**	150 g
3	**œufs, cuits durs**	
1 c. à soupe	**yogourt**	15 ml
1 c. à soupe	**mayonnaise**	15 ml
1 c. à thé	**moutarde de Dijon**	5 ml
2 c. à thé	**vinaigre de vin blanc**	10 ml
2 c. à thé	**jus de citron**	10 ml
2	**oignons verts, hachés**	
5	**olives noires, hachées**	
2	**cornichons sucrés, hachés**	
1 c. à thé	**sel**	5 ml
au goût	**poivre**	

1 Badigeonner les pains pita d'huile d'olive et ajouter une pincée de paprika. Déposer sur une plaque à biscuits et cuire au four à 450 °F (230 °C) jusqu'à ce qu'ils soient croustillants. On peut mettre un poids sur les pitas pour éviter qu'ils ne se mettent à gonfler.

2 Passer au robot culinaire le tofu, les œufs cuits durs et les condiments. Ajouter ensuite les oignons verts, les olives, les cornichons, le sel et poivre.

3 Déposer une bonne quantité du mélange sur chaque pita et servir. On peut ajouter quelques olives et du persil pour décorer.

Mini-pitas aux œufs

Pour se réchauffer l'âme

Soupes

Le réconfort d'une bonne soupe chaude est formidable. C'est comme si on se retrouvait en terrain connu. Elle réchauffe l'âme. Elle ouvre l'appétit. Elle donne le ton au repas. Et elle met du piquant dans vos midis pressés. Voici une belle gamme de potages et de soupes.

Minestrone

La famille va se chamailler pour attraper les feuilles de chou. Pour 4 personnes.
Cette soupe peut très bien faire office de repas, accompagnée d'un bon pain.

1 c. à soupe	**huile d'olive**	15 ml
1	**gousse d'ail, hachée**	
1	**oignon, coupé en dés**	
1 tasse	**carottes, coupées en dés**	250 ml
1/2 tasse	**céleri, coupé en dés**	125 ml
1 tasse	**pommes de terre, coupées en dés**	250 ml
1 tasse	**courgettes, coupées en dés**	250 ml
2	**tomates, coupées en dés**	
5 tasses	**bouillon de légumes**	1,25 l
1 tasse	**haricots rouges en boîte**	250 ml
1 c. à thé	**sel**	5 ml
1/8 c. à thé	**thym**	0,5 ml
1	**feuille de laurier**	
1/2 tasse	**parmesan frais, râpé**	125 ml
4 feuilles	**chou de Savoie**	
au goût	**poivre**	

1 Dans un chaudron, faire revenir l'ail et l'oignon dans l'huile.

2 Ajouter carottes, céleri, pommes de terre et courgettes. Attendre quelques minutes avant d'incorporer le reste des ingrédients.

3 Déposer les feuilles de chou coupées en deux sur le dessus et mettre le couvercle du chaudron. Laisser mijoter une vingtaine de minutes. Vous pouvez servir la soupe entourée d'une feuille de chou, comme sur la photo.

Minestrone

Potage
aux poireaux

Pour 4 personnes. Un grand classique qui a beaucoup de personnalité.
Et même pas besoin d'ajouter de crème pour rendre ce potage onctueux.

2 c. à soupe	huile d'olive	30 ml
1	oignon	
2	gousses d'ail	
4 tasses	blancs de poireaux	1 l
2	pommes de terre, coupées en dés	
5 tasses	bouillon de légumes	1,25 l
2	feuilles de laurier	
1/4 c. à thé	basilic	1 ml
1 c. à thé	persil séché	5 ml
1/2 tasse	lait	125 ml
au goût	sel et poivre	

1 Dans un chaudron, faire dorer l'oignon, l'ail et les poireaux hachés grossièrement dans l'huile d'olive à feu moyen.

2 Ajouter le reste des ingrédients. Laisser mijoter une vingtaine de minutes à découvert.

3 Enlever les feuilles de laurier. Passer au robot culinaire.

4 Ajouter le lait. Saler et poivrer au goût.

Potage aux poireaux et potage à la courge

En bas : potage aux poireaux, en haut : potage à la courge.

Potage
au maïs

Pour 4 personnes. Vous aimerez le mélange de la texture crémeuse du potage avec le croquant des morceaux de carotte et de courgette.

1 c. à soupe	**huile d'olive**	15 ml
1	**oignon, haché**	
1	**gousse d'ail, hachée**	
1	**pomme de terre, coupée en dés**	
3 tasses	**maïs surgelé**	750 ml
4 tasses	**bouillon de légumes**	1 litre
1 pincée	**thym**	
1	**carotte, coupée en dés**	
1	**courgette, coupée en dés**	
1 c. à thé	**sel**	5 ml
au goût	**poivre**	

1 Dans un chaudron, faire revenir l'oignon et l'ail dans l'huile, jusqu'à ce qu'ils soient dorés.

2 Ajouter pomme de terre, maïs, bouillon et thym. Laisser mijoter une vingtaine de minutes avant de passer au robot culinaire.

3 Pendant ce temps, dans une poêle, faire revenir la carotte et la courgette dans un peu d'huile. Incorporer au potage de maïs ou comme décoration.

Potage au maïs et potage de carotte et navet

En bas : potage au maïs, en haut : potage de carotte et navet.

53

Potage
de carotte et navet

Pour 4 personnes. Vite fait et bien fait. Les enfants en redemandent.
Et le navet passe inaperçu…

1 c. à soupe	**huile d'olive**	15 ml
1	**gousse d'ail, hachée**	
1	**oignon, haché**	
3 tasses	**carottes, coupées en rondelles**	750 ml
1	**pomme de terre, coupée en dés**	
1/2 tasse	**navet, coupé en dés**	125 ml
4 tasses	**bouillon de légumes**	1 litre
1/2 c. à thé	**sel**	2,5 ml
1/2 c. à thé	**basilic séché**	2,5 ml
1/2 c. à thé	**persil séché**	2,5 ml
1/2 c. à thé	**poudre de céleri**	2,5 ml
1/2 c. à thé	**coriandre moulue**	2,5 ml
au goût	**poivre**	

1 Dans un chaudron, faire revenir l'ail et l'oignon dans l'huile, avant d'ajouter pomme de terre, carottes et navet.

2 Après quelques minutes, porter à ébullition avec le bouillon de légumes et les épices. Réduire à feu moyen et laisser mijoter une bonne vingtaine de minutes.

3 Passer au robot culinaire et servir.

Potage
brocoli et cheddar

Pour 4 personnes. Brocoli et fromage vont si bien ensemble.
C'est un bouquet de saveurs subtiles.

1 c. à soupe	**huile d'olive**	15 ml
1/2	**oignon, haché**	
1	**gousse d'ail, hachée**	
1	**pomme de terre, coupée en dés**	
1/2 tasse	**navet, coupé en dés**	125 ml
5 tasses	**brocoli**	1,25 l
3 tasses	**bouillon de légumes**	750 ml
1 tasse	**lait**	250 ml
3/4 de tasse	**cheddar fort, râpé**	75 g
1 c. à thé	**sel**	5 ml
au goût	**poivre**	

1 Dans un chaudron, faire dorer l'oignon et l'ail dans l'huile.

2 Ajouter le reste des ingrédients, sauf le fromage. Laisser mijoter à feu moyen une vingtaine de minutes, jusqu'à ce que les légumes soient bien cuits.

3 Ajouter le fromage quelques minutes avant de passer au robot culinaire et servir.

Soupe en juliennes et potage brocoli et cheddar

En bas : soupe en juliennes, en haut : potage brocoli et cheddar.

Soupe
en juliennes

Pour 4 personnes. Jamais la simplicité n'aura eu si bon goût.
Couper les légumes en juliennes donne la touche originale à cette soupe.

1 c. à soupe	**huile d'olive**	15 ml
1/2	**oignon espagnol, haché**	
2	**gousses d'ail, pressées**	
2 tasses	**courgettes, coupées en juliennes**	500 ml
2	**carottes, coupées en juliennes**	
5	**champignons, coupés en juliennes**	
4 tasses	**bouillon de légumes**	1 litre
1 c. à thé	**sel**	5 ml
1/4 c. à thé	**cari**	1 ml
1 poignée	**vermicelles de riz**	

1 Dans un chaudron, faire dorer l'oignon et l'ail dans l'huile d'olive avant d'ajouter les autres légumes. Faire cuire quelques minutes à feu moyen.

2 Ajouter le bouillon, le sel et le cari. Laisser mijoter une quinzaine de minutes.

3 Lancer une poignée de vermicelles de riz dans la soupe quelques minutes avant de servir.

Gaspacho

Pour 4 personnes. Il y a tant de recettes de gaspacho. En voici une que vous pourrez réaliser en quelques minutes avec le bon petit goût acidulé du vinaigre.
Servir avec des beaux cubes de glace en pleine canicule.

4 tranches	**pain de blé entier**	
2	**gousses d'ail**	
6	**tomates**	
1	**concombre, épépiné**	
1	**poivron vert**	
1/2 tasse	**jus de tomate**	125 ml
1/4 de tasse	**huile d'olive**	60 ml
1 c. à soupe	**vinaigre de vin rouge**	15 ml
au goût	**sel**	

1 Faire tremper la mie des tranches de pain quelques minutes dans l'eau.

2 Plonger les tomates dans l'eau bouillante une minute. Enlever la peau et les pépins.

3 Éplucher le concombre et l'épépiner.

4 Mettre tous les ingrédients au robot culinaire. Réduire en purée. Servir avec des petits cubes d'oignon, de tomate, de concombre, de poivron, et des croûtons de pain.

GASPACHO - Soupe froide espagnole. En Andalousie, elle rafraîchit lors des chaudes journées d'été. Au départ cuisinée au mortier, elle se fait aujourd'hui en deux temps trois mouvements au robot culinaire.

Gaspacho

Soupe
aux pois

Donne 4 portions. Pour les gens qui aiment les soupes sucrées.
Elle se prépare en un rien de temps. Et le résultat est d'un vert éclatant.

1 c. à soupe	**huile d'olive**	15 ml
1	**oignon, haché**	
2	**gousses d'ail, hachées**	
3 tasses	**pois surgelés**	750 ml
1 tasse	**lait de coco**	250 ml
3 tasses	**bouillon de légumes**	750 ml
1/4 c. à thé	**cari**	1 ml
1	**feuille de laurier**	
au goût	**sel et poivre**	

1 Dans un chaudron, faire revenir l'oignon et l'ail dans l'huile à feu moyen pendant quelques minutes.

2 Ajouter le reste des ingrédients et laisser mijoter une quinzaine de minutes.

3 Enlever la feuille de laurier. Passer au robot culinaire avant de servir.

PETIT POIS - Le Roi Soleil était, semble-t-il, un mordu des petits pois. Ses jardins de Versailles en étaient remplis. De façon plus modeste, il habite également nos jardins. Et il est tout aussi bon.

Soupe aux pois

Soupe
au tofu

Pour 4 personnes. Le tofu est extraordinaire dans cette soupe.
Il met toutes les saveurs en boîte.

4 tasses	**bouillon de légumes**	1 litre
1 tasse	**vermicelles de riz, cuits**	250 ml
1/2 tasse	**champignons séchés**	125 ml
1/2 bloc	**tofu**	225 g
1/2 tasse	**châtaignes d'eau en boîte**	125 ml
5	**oignons verts**	
3 c. à soupe	**tamari**	45 ml
1 c. à soupe	**vinaigre de riz**	15 ml
1 tasse	**fèves germées**	250 ml
au goût	**poivre**	

1 Plonger les vermicelles de riz dans l'eau bouillante.
Cuire quelques minutes avant d'égoutter et réserver.

2 Dans un chaudron, faire chauffer le bouillon de légumes.
Ajouter les vermicelles de riz, les champignons, le tofu
coupé en dés, les châtaignes d'eau, les oignons verts
coupés en morceaux, le tamari et le vinaigre de riz.
Faire cuire une quinzaine de minutes.

3 Lancer les fèves germées dans le chaudron quelques
minutes avant de servir. Elles resteront croquantes.

CHÂTAIGNES D'EAU - On les retrouve
maintenant en boîte dans la plupart des
épiceries, soit complètes ou en tranches.
Ce sont des racines de plantes aquatiques.
Un peu comme le tofu, elles prennent le
goût du plat que l'on cuisine.

Soupe au tofu

Soupe
au riz

Pour 4 personnes. La soupe idéale pour soigner une petite grippe ou une mélancolie du dimanche soir. Le parfum du riz basmati est divin.

1 c. à soupe	**huile d'olive**	15 ml
2	**gousses d'ail, hachées**	
1	**oignon, haché**	
1/2 tasse	**riz basmati**	125 ml
1 tasse	**gourganes en boîte**	250 ml
2	**tomates italiennes**	
1	**courgette**	
5 tasses	**bouillon de légumes**	1,25 l
1/4 c. à thé	**origan séché**	1 ml
1 1/2 c. à thé	**sel**	7,5 ml
au goût	**poivre du moulin**	

1 Dans un chaudron, faire dorer l'oignon et l'ail dans l'huile d'olive.

2 Ajouter le riz basmati, le temps qu'il soit bien enrobé d'huile, puis le reste des ingrédients dont les tomates et la courgette tranchées. Porter à ébullition, réduire le feu et laisser mijoter.

3 Servir une fois que le riz est bien cuit. Vous pouvez tout aussi bien utiliser du riz basmati de blé entier. La cuisson sera un peu plus longue.

GOURGANES - Au Québec, elles nous viennent de la région du lac Saint-Jean et de Charlevoix. On les appelle aussi fèves de marais.

Soupe au riz

Pour entrer dans le vif du sujet

Salades

Bienvenue dans le merveilleux monde des salades. On pourrait trouver des idées nouvelles, des variantes à l'infini, et elles seraient toujours aussi bonnes. À base de laitue, de riz ou de pâtes, les salades se font une beauté dans le chapitre culinaire qui suit. Et vous pourrez les cuisiner été comme hiver.

Salade
de légumineuses

Cette salade peut facilement devenir un repas complet servie avec pain frais et fromage. Elle peut aussi servir de garniture à un sandwich roulé dans un pain tortilla. Pour 4 personnes.

1 boîte	**légumineuses mélangées**	540 ml
1	**tomate, coupée en dés**	
2	**oignons verts, en morceaux**	
1/2	**poivron de couleur, coupé en dés**	
1/2	**courgette, coupée en dés**	
1 tasse	**haricots verts**	250 ml

Pour la vinaigrette

1 c. à soupe	**vinaigre de vin blanc**	15 ml
1 c. à soupe	**huile d'olive**	15 ml
1 c. à thé	**moutarde de Dijon**	5 ml
1 pincée	**herbes de Provence**	
au goût	**sel et poivre**	

1 Dans un saladier, déposer les légumineuses rincées et égouttées, la tomate, les oignons verts, le poivron et la courgette.

2 Faire cuire les haricots verts quelques minutes à la vapeur avant de les couper en deux. Ajouter à la salade avec les ingrédients de la vinaigrette.

3 Attendre au moins une quinzaine de minutes avant de servir.

Salade de légumineuses et salade de lentilles

En bas : salade de légumineuses, en haut : salade de lentilles.

Salade
de lentilles

Peu d'ingrédients pour un amalgame de saveurs saisissant. On sait quand on commence à manger, on ne sait pas quand ça se termine. Pour 4 à 6 personnes.

2 tasses	**lentilles du Puy**	500 ml
2	**tomates, coupées en dés**	
1/2	**oignon rouge, coupé en dés**	
1 tasse	**coriandre fraîche, hachée**	250 ml
3 c. à soupe	**vinaigre balsamique**	45 ml
1 c. à soupe	**huile d'olive**	15 ml
au goût	**sel et poivre**	

1 Faire cuire les lentilles une quinzaine de minutes dans un chaudron rempli d'eau bouillante, jusqu'à ce qu'elles soient cuites, mais encore légèrement croquantes.

2 Rincer les lentilles et les déposer dans un grand bol à salade. Ajouter les tomates, l'oignon, la coriandre, le vinaigre et l'huile. Saler et poivrer au goût.

LENTILLE DU PUY - Elle est de la région de du Puy en France. Il y a d'ailleurs une appellation contrôlée en ce qui la concerne. Il y a tout près de 900 producteurs de lentilles vertes. On l'aime pour sa fermeté, croquante sous la dent.

Salade
espagnole

Dans sa version classique, cette salade contient du thon en conserve. Voici une version totalement végétarienne. Facile comme tout et bon comme tout. Pour 4 personnes.

1	**laitue romaine**	
1/2	**oignon espagnol, coupé en lanières**	
30	**olives à cocktail vertes**	
4	**œufs durs, coupés en quartiers**	
2	**tomates, coupées en quartiers**	
3 c. à soupe	**huile d'olive**	45 ml
3 c. à soupe	**vinaigre de vin rouge**	45 ml
au goût	**sel et poivre**	

1 Dans un saladier, couper la laitue en morceaux. Ajouter l'oignon, les olives, les œufs et les tomates.

2 Comme le font si bien les Espagnols, on peut arroser à tâton d'huile d'olive et de vinaigre de vin rouge. Sinon, on se fie aux quantités suggérées.

3 Saler et poivrer.

72

Salade orientale et salade espagnole

En bas : salade orientale, en haut : salade espagnole.

Salade
orientale

La vinaigrette de cette salade est tout simplement craquante.
Elle convient à merveille au choix de légumes.

1/2 sac (4 oz)	**épinards**	115 g
2 tasses	**fèves germées**	500 ml
1 tasse	**pois mange-tout**	250 ml
1/2	**courgette, coupée en dés**	
1	**tomate, coupée en dés**	
1/8 de tasse	**pignons, grillés**	30 ml
1 c. à thé	**graines de sésame, grillées**	5 ml
Pour la vinaigrette		
1 c. à thé	**huile d'olive**	5 ml
1 c. à thé	**tahini**	5 ml
1 c. à thé	**huile de sésame**	5 ml
1 c. à soupe	**tamari**	15 ml
1 c. à soupe	**jus de citron**	15 ml
1 c. à soupe	**vinaigre de riz**	15 ml
1/8 c. à thé	**gingembre moulu**	0,5 ml
au goût	**poivre**	

1 Faire griller à sec les pignons et les graines de sésame dans une poêle quelques minutes à feu moyen. Attention, les graines de sésame ont tendance à sauter partout.

2 Faire cuire quelques minutes les pois mange-tout à la vapeur.

3 Mélanger tous les ingrédients de la salade dans un grand bol.

4 Préparer la vinaigrette et verser avant de servir.

Salade
grecque

La qualité de vos ingrédients vous guidera vers une salade explosive.
La fraîcheur est de rigueur. Pour 4 personnes.

4	**tomates italiennes**	
1	**concombre**	
1/4	**oignon rouge**	
1 tasse	**fromage feta**	100 g
15	**olives noires kalamata**	

Pour la vinaigrette

2 c. à soupe	**citron**	30 ml
1 c. à soupe	**huile d'olive**	15 ml
1/4 c. à thé	**basilic séché**	1 ml
1/4 c. à thé	**origan séché**	1ml
1/4 c. à thé	**persil séché**	1ml
au goût	**sel et poivre**	

1 Couper tous les ingrédients de la salade en dés.

2 Ajouter la vinaigrette. Laisser les saveurs se mélanger au moins 30 minutes avant de servir.

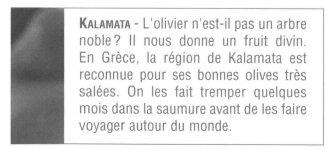

KALAMATA - L'olivier n'est-il pas un arbre noble? Il nous donne un fruit divin. En Grèce, la région de Kalamata est reconnue pour ses bonnes olives très salées. On les fait tremper quelques mois dans la saumure avant de les faire voyager autour du monde.

Salade grecque

Salade

au soupçon d'orange

Pour 4 personnes. Si vous n'arrivez pas à trouver de roquette à votre épicerie, vous pouvez la remplacer par un mélange de salade mesclun.

5 tasses	**roquette**	1,25 l
2	**endives**	
1	**avocat**	
1	**orange**	
5	**olives noires**	
1/2 tasse	**concombre**	125 ml
1 c. à soupe	**graines de sésame**	15 ml
Pour la vinaigrette		
1 c. à thé	**tahini**	5 ml
1 c. à soupe	**citron**	15 ml
1/2 c. à thé	**vinaigre de vin blanc**	2,5 ml
1/2 c. à thé	**tamari**	2,5 ml
1/2 c. à thé	**huile de sésame**	2,5 ml
1 pincée	**gingembre moulu**	
au goût	**sel et poivre**	

1 Dans un saladier, déposer la roquette, les endives, l'avocat en lanières, l'orange coupée en suprêmes, les olives tranchées, le concombre en dés et les graines de sésame que vous aurez fait griller à sec quelques minutes dans une poêle.

2 Mélanger tous les ingrédients de la vinaigrette ensemble. Verser sur la salade.

 ROQUETTE - On l'appelle aussi arugula. La roquette peut être très forte selon sa maturité. C'est une laitue qui a beaucoup de goût.

Salade au soupçon d'orange

Salade
de riz sauvage

On peut facilement préparer le riz sauvage d'avance. On pourra ajouter les autres ingrédients quelques minutes avant de servir. L'huile de sésame grillé est primordiale dans cette recette. Pour 4 personnes.

1 tasse	**riz sauvage**	250 ml
1/8 de tasse	**pignons**	30 ml
1/8 de tasse	**amandes effilées**	30 ml
2	**tomates**	
1 filet	**huile de sésame grillé**	
1 filet	**vinaigre balsamique**	
au goût	**sel et poivre**	

1 Dans un chaudron, faire cuire le riz sauvage environ une heure dans une grande quantité d'eau salée. Égoutter.

2 Faire griller à sec les pignons et les amandes quelques minutes dans une poêle à feu moyen.

3 Épépiner et couper les tomates en dés. Mélanger tous les ingrédients dans un saladier en ajoutant l'huile, le vinaigre, le sel et le poivre.

VINAIGRE BALSAMIQUE - Originaire de Modène en Italie, il y a de nombreuses qualités de vinaigre balsamique. Tout le monde n'a pas les moyens de s'acheter une petite bouteille de vinaigre vieux de 15 ans. On choisit celui qui nous convient.

Salade de riz sauvage, salade de couscous et taboulé

En bas : salade de riz sauvage, au centre : salade de couscous, en haut : taboulé.

Salade
de couscous

Les enfants raffolent de cette salade. Leurs goûts préférés sont rassemblés dans le même plat. Les petits grains de couscous sautillent dans la bouche. Pour 4 personnes.

1 tasse	**couscous**	250 ml
1 tasse	**jus de tomate**	250 ml
1	**concombre, épépiné et coupé en dés**	
2	**oignons verts**	
1/2	**poivron vert, coupé en dés**	
1/2 tasse	**persil frais, haché**	125 ml
2 c. à soupe	**jus de citron**	30 ml
2 c. à soupe	**huile d'olive**	30 ml
au goût	**sel et poivre**	

1 Mélanger tous les ingrédients ensemble.

2 Réserver au réfrigérateur le temps que les grains de couscous se gorgent de jus et de saveurs. Servir.

Jaboulé

Voici une version personnelle de ce grand classique, avec une présence accrue du savoureux boulgour. On l'aime à l'état pur, avec beaucoup de citron. Pour 4 per-

1/2 tasse	**boulgour**	125 ml
6 tasses	**persil frais**	1,5 l
2	**tomates, hachées finement**	
1/2	**oignon, haché finement**	
	le jus d'un citron	
2 c. à soupe	**huile d'olive**	30 ml
au goût	**sel et poivre**	

1 Faire tremper le boulgour dans une bonne quantité d'eau une quarantaine de minutes. Égoutter.

2 Hacher le persil au robot culinaire. Déposer dans un saladier et ajouter le reste des ingrédients dont le boulgour.

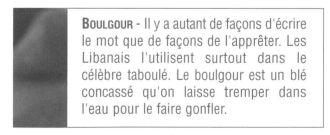

BOULGOUR - Il y a autant de façons d'écrire le mot que de façons de l'apprêter. Les Libanais l'utilisent surtout dans le célèbre taboulé. Le boulgour est un blé concassé qu'on laisse tremper dans l'eau pour le faire gonfler.

Salade
divine

Voici la recette d'une salade qui suscite toujours des oh… et des ah…
Chaque bouchée est un trésor. Pour 4 personnes.

1	**laitue frisée**	
1 tasse	**haricots verts frais**	250 ml
2	**oignons verts, coupés en morceaux**	
1	**tomate, coupée en dés**	
1/2	**concombre, coupé en dés**	
8	**olives kalamata, coupées en morceaux**	
1/4 de tasse	**fromage feta, coupé en cubes**	25 g
1/4 de tasse	**parmesan frais, râpé**	60 ml
1/8 de tasse	**noix, grillées**	30 ml

Pour la vinaigrette

2 c. à thé	**moutarde de Dijon**	10 ml
1/4 de tasse	**huile d'olive**	60 ml
1/8 de tasse	**vinaigre balsamique**	30 ml
1/8 de tasse	**vinaigre de cidre**	30 ml
1 pincée	**herbes de Provence**	
au goût	**sel et poivre**	

1 Dans une poêle, faire griller à sec les noix quelques minutes à feu moyen. J'aime bien oser un mélange de graines de sésame, de graines de tournesol, d'amandes effilées et de noix de pin.

2 Faire cuire les haricots quelques minutes à la vapeur.

3 Déposer tous les ingrédients dans un grand saladier.

4 Pour la vinaigrette, ajouter graduellement l'huile à la moutarde de Dijon en remuant constamment. Incorporer le reste des ingrédients. Verser sur la salade.

Salade divine

Salade
croustillante

Vous allez découvrir avec cette salade les croustilles de parmesan.
Vous ne pourrez plus vous en passer !!! Pour 4 personnes.

1 tasse	**parmesan frais, râpé**	250 ml
	paprika	
1/2 sac (4 oz)	**épinards**	115 g
1 c. à soupe	**graines de sésame, grillées**	15 ml
1 tasse	**pois surgelés**	250 ml
1 tasse	**fèves germées**	250 ml
2	**oignons verts, coupés en rondelles**	

Pour la vinaigrette

2 c. à thé	**moutarde de Dijon**	10 ml
4 c. à thé	**huile d'olive**	20 ml
1 c. à soupe	**vinaigre balsamique**	15 ml
1 c. à thé	**sirop d'érable**	5 ml
1/2	**gousse d'ail, pressée**	

1 Sur une plaque à biscuits, faire une dizaine de petits monticules de parmesan frais râpé et saupoudrer de paprika. Faire cuire au four à 500 °F (260 °C) quelques minutes le temps que le fromage se transforme en croustilles de parmesan.

2 Faire rôtir les graines de sésame dans une poêle quelques minutes et faire ramollir les petits pois à la vapeur.

3 Mélanger tous les ingrédients dans un saladier. Ajouter les croustilles de parmesan et napper de la vinaigrette.

Salade croustillante

Salade
d'avocat

L'avocat donne toute la richesse à cette salade.
Il se marie parfaitement au goût du pamplemousse. Pour 4 personnes.

1	**avocat**	
1 c. à soupe	**jus de citron frais**	15 ml
1	**pamplemousse rose**	
2	**oignons verts, coupés en rondelles**	
6	**asperges fraîches, coupées en morceaux**	
1	**laitue raddichio**	

Pour la vinaigrette

1 c. à thé	**moutarde de Dijon**	5 ml
1 c. à soupe	**huile d'olive**	15 ml
2 c. à thé	**vinaigre balsamique**	10 ml
1 c. à thé	**miel**	5 ml
1/2	**gousse d'ail, pressée**	

1 Couper l'avocat en lanières et l'arroser de jus de citron pour l'empêcher de noircir.

2 Faire cuire les asperges quelques minutes à la vapeur.

3 Couper le pamplemousse en morceaux en ne gardant que sa chair.

4 Mélanger tous les ingrédients dans un saladier. Ajouter la vinaigrette et servir.

RADDICHIO - Laitue rouge et blanche très compacte. De la famille de la chicorée, c'est une laitue amère qui se conserve longtemps.

Salade d'avocat

Salade
de cœurs de palmier

Voici une recette de salade originale et délicieuse.
Les cœurs de palmier sont à leur meilleur. Pour 4 personnes.

1 boîte	**cœurs de palmier**	398 ml
1 1/2 tasse	**haricots verts**	375 ml
2	**tomates, coupées en dés**	
1/2 tasse	**olives noires tranchées**	125 ml
1 c. à soupe	**mayonnaise**	15 ml
1 c. à soupe	**vinaigre de cidre**	15 ml
1 c. à soupe	**huile d'olive**	15 ml
au goût	**basilic frais ou séché**	

1 Couper les cœurs de palmier en rondelles.

2 Faire cuire les haricots verts à la vapeur quelques minutes et les couper en deux. Ajouter le reste des ingrédients dans un saladier avant de servir.

VINAIGRE DE CIDRE - Il a des vertus anti-oxydantes. C'est un jus de pomme qui vieillit en fût de chêne. On l'aime pour son goût fruité.

Salade de cœurs de palmier

Salade
de pâtes et choux de Bruxelles

Une belle façon de redécouvrir les choux de Bruxelles. Pour 4 personnes.

3/4 lb	**pâtes**	300 g
15	**choux de Bruxelles**	
1	**courgette, coupée en dés**	
1/4	**oignon, haché**	
1	**tomate, épépinée et coupée en dés**	
1	**carotte, râpée**	
2 c. à soupe	**mayonnaise**	30 ml
1 c. à soupe	**huile d'olive**	15 ml
1/2 c. à thé	**cari**	2,5 ml
1 pincée	**herbes de Provence**	
au goût	**sel et poivre**	

1 Dans un chaudron d'eau bouillante salée, faire cuire les pâtes une dizaine de minutes avant de les égoutter et de les rincer à l'eau froide. Utiliser des pâtes qui sont visuellement intéressantes, comme les pâtes torsadées (sur la photo) ou les rotinis.

2 Couper les choux de Bruxelles en deux. Faire cuire à la vapeur.

3 Mélanger tous les ingrédients dans un saladier et servir.

Salade de pâtes et choux de Bruxelles et salade de pâtes au pesto

En bas : salade de pâtes et choux de Bruxelles, en haut : salade de pâtes au pesto.

91

Salade

de pâtes au pesto

Voici une recette très facile qui fera saliver les enfants.
Chaude ou froide, cette salade est tout aussi bonne. Pour 4 à 6 personnes.

1 lb	**pâtes penne**	450 g
3 c. à soupe	**pesto**	45 ml
1/2 tasse	**parmesan frais, râpé**	125 ml
Pour le pesto		
50 feuilles	**basilic frais**	
10 feuilles	**épinards**	
2	**gousses d'ail**	
1/4 de tasse	**pignons, grillés**	60 ml
1/4 de tasse	**parmesan frais, râpé**	60 ml
1/2 c. à thé	**sel**	2,5 ml
1 tasse	**huile d'olive de qualité**	250 ml
au goût	**poivre**	

1 Faire cuire les pâtes une dizaine de minutes dans un chaudron d'eau bouillante salée. Égoutter et rincer à l'eau froide. Ajouter le pesto et le parmesan frais.

2 Pour le pesto, déposer tous les ingrédients au robot culinaire, sauf l'huile. Ajouter l'huile en filet en lui laissant le temps de pénétrer le mélange.

Pour la conservation : vous pouvez mettre le pesto dans des petits pots de plastique d'environ 1/2 tasse (125 ml) et les mettre au congélateur jusqu'à utilisation. Je fais une grande quantité de pesto pendant l'été avec du basilic frais. C'est une belle réserve pour l'année.

PESTO - Magique mélange qui nous vient de l'Italie. Le mot pesto veut dire broyé. Au départ, on écrasait les ingrédients au mortier.

Salade

russe

Voici une nouvelle version de la salade russe. La sauce crémeuse est allégée par la crème sure légère. Pour 4 personnes.

3 tasses	**pommes de terre**	750 ml
1 tasse	**carottes, coupées en dés**	250 ml
1 tasse	**pois surgelés**	250 ml
1 tasse	**maïs surgelé**	250 ml
2	**œufs durs, tranchés**	
1/4 de tasse	**olives vertes, en morceaux**	60 ml
Pour la sauce		
1/8 de tasse	**crème sure légère**	30 ml
1/8 de tasse	**mayonnaise**	30 ml
1/8 de tasse	**parmesan frais, râpé**	30 ml
1 c. à thé	**moutarde de Dijon**	5 ml
2 c. à thé	**vinaigre**	10 ml
au goût	**sel et poivre**	

1 Faire bouillir les pommes de terre une vingtaine de minutes avant d'égoutter, de laisser refroidir et de couper en dés.

2 Faire cuire les carottes, les pois et le maïs quelques minutes à la vapeur.

3 Mettre tous les ingrédients dans un saladier avec la sauce. Attendre un peu avant de servir, si vous en êtes capable...

Salade tiède
aux pommes de terre

La moutarde joue un rôle de premier plan dans cette recette savoureuse.
N'hésitez pas à doubler la recette. Pour 2 à 4 personnes.

1 c. à soupe	huile d'olive	15 ml
1/4	oignon, haché	
1	gousse d'ail, hachée	
1	carotte, coupée en dés	
1	pomme de terre, coupée en dés	
1 tasse	chou-fleur	250 ml
1	courgette, coupée en dés	
1 poignée	fèves germées	
3 c. à soupe	moutarde préparée	45 ml
au goût	sel et poivre	

1 Dans une grande poêle, faire revenir l'oignon et l'ail dans l'huile, puis la carotte et la pomme de terre.

2 À feu doux, ajouter le chou-fleur en petits morceaux et une première cuillerée de moutarde. Poursuivre la cuisson. Au moment d'ajouter la courgette, déposer une autre cuillerée de moutarde.

3 Faire la même chose en fin de cuisson avec les fèves germées et la dernière portion de moutarde.

4 Servir lorsque les pommes de terre sont encore légèrement croquantes.

Salade tiède aux pommes de terre et salade russe

En bas : salade tiède aux patates, en haut : salade russe.

Salade
à la mangue

La qualité des ingrédients fait vraiment le succès de cette salade.
Facile et juteuse à souhait. Pour 2 à 4 personnes.

1 1/2 tasse	**mangues bien mûres**	375 ml
1 1/2 tasse	**tomates**	375 ml
1/4	**oignon rouge, coupé en lanières**	
2 c. à thé	**vinaigre balsamique**	10 ml
1 c. à thé	**huile d'olive**	5 ml
1 c. à soupe	**coriandre fraîche, hachée**	15 ml
au goût	**sel et poivre**	

1 Déposer les mangues et les tomates coupées en dés dans un saladier. Ajouter le reste des ingrédients et bien mélanger. Laisser le temps aux saveurs de se marier avant de servir.

CORIANDRE - La coriandre est une herbe au goût unique, très utilisée dans la cuisine asiatique. On l'appelle parfois persil chinois.

Salade à la mangue et salade de pain

En bas : salade à la mangue, en haut : salade de pain.

Salade
de pain

L'idée d'une salade de pain peut paraître surprenante mais le résultat est un délice.
Pour 2 à 4 personnes.

2 tasses	**pain baguette**	500 ml
3	**tomates italiennes, épépinées**	
1	**concombre**	
1/4	**oignon rouge, coupé en dés**	
1	**gousse d'ail, pressée**	
10 feuilles	**basilic frais**	
3 c. à soupe	**vinaigre de vin blanc**	45 ml
1 c. à soupe	**huile d'olive**	15 ml
au goût	**sel et poivre**	

1 Prendre un bon pain baguette, le couper en tranches et le faire dorer au grille-pain. Couper les tranches en dés et réserver.

2 Déposer tous les autres ingrédients dans un saladier. Bien mélanger. Ajouter les croûtons de pain quelques minutes avant de servir pour qu'ils restent croustillants.

Salade
de courge spaghetti

On peut préparer cette salade avec un reste de courge spaghetti.
On peut aussi en faire cuire une pour l'occasion. Dans ce cas, la préparation
sera un peu plus longue. Pour 2 à 4 personnes.

4 tasses	**courge spaghetti**	1 litre
	tamari	
1 pincée	**herbes de Provence**	
1/2 paquet	**champignons tranchés**	115 g
1/2	**courgette, coupée en dés**	
1	**tomate italienne**	
1/2 tasse	**fromage feta**	50 g
5	**olives noires**	
2	**oignons verts**	
1 filet	**huile d'olive**	
1 c. à thé	**vinaigre balsamique**	5 ml

1 Couper la courge spaghetti en deux. Déposer sur une plaque à biscuits et cuire au four à 400 °F (200 °C) une quarantaine de minutes. Une fois cuite, détacher les filaments de la courge à la fourchette en grattant.

2 Faire revenir la courgette et les champignons dans une poêle avec un peu d'huile d'olive. Réserver. Faire revenir de la même façon la chair de la courge spaghetti avec une pincée d'herbes de Provence et un soupçon de tamari ou de sauce soya.

3 Couper la tomate, le fromage feta, les olives et les oignons verts en morceaux. Mettre tous les ingrédients dans un saladier. Ajouter un filet d'huile d'olive et le vinaigre balsamique. Servir tiède ou froid.

Salade
mandoline

Pour les amateurs de légumes croquants. Si vous n'avez pas de mandoline, vous pouvez couper les légumes en tranches très minces au couteau. Pour 4 personnes.

2	**carottes**	
1	**concombre**	
1 tasse	**chou**	250 ml
1 tasse	**luzerne**	250 ml
3 c. à soupe	**jus de citron frais**	45 ml
1 c. à soupe	**vinaigre**	15 ml
1 c. à soupe	**huile d'olive**	15 ml
au goût	**sel et poivre**	

1 Dans un bol à salade, mélanger carottes, concombre et chou coupés à la mandoline.

2 Ajouter le reste des ingrédients et servir.

VINAIGRE ET HUILE - Je préfère verser le vinaigre avant l'huile car il adhère mieux aux aliments non huilés, particulièrement les laitues.

Salade mandoline et salade de courge spaghetti

En bas : salade mandoline, en haut : salade de courge spaghetti.

Salade

à la chicorée

La laitue chicorée vous offre de l'amertume et du croquant.
Elle se mêle parfaitement au goût sucré de la vinaigrette. Pour 4 personnes.

5 tasses	**chicorée frisée**	1,25 l
1/3 de tasse	**oignon rouge, coupé en fines lanières**	75 ml
1/4 de tasse	**amandes effilées**	60 ml
1 tasse	**pois mange-tout**	250 ml
1/4 de tasse	**olives vertes, en morceaux**	60 ml
1	**tomate, coupée en dés**	
1/4 de tasse	**parmesan frais, râpé**	60 ml

Pour la vinaigrette

1 c. à thé	**moutarde de Dijon**	
1/4 de tasse	**huile d'olive**	60 ml
1/2 c. à soupe	**vinaigre balsamique**	7,5 ml
1 c. à soupe	**vinaigre de cidre**	15 ml
1	**jaune d'oeuf, cuit dur**	
1 c. à thé	**miel**	5 ml
2	**cornichons sucrés, coupés en dés**	
1 pincée	**origan séché**	
au goût	**sel et poivre**	

1 Faire griller à sec les amandes quelques minutes dans une poêle à feu moyen.

2 Faire ramollir les pois mange-tout quelques minutes à la vapeur.

3 Dans un grand bol, mélanger tous les ingrédients de la salade.

4 Préparer la vinaigrette en ajoutant en filet l'huile d'olive à la moutarde. Ajouter le reste des ingrédients.

Salade à la chicorée

Salade
au bleu

Pour les gens qui aiment le fromage bleu, cette salade est divine. Pour 4 personnes.

1	**laitue raddichio**	
1 sac (8 oz)	**épinards**	227 g
2	**poires Anjou rouges, tranchées**	
1/2 tasse	**pacanes, grillées**	125 ml
Pour la vinaigrette		
1/2 tasse	**fromage bleu gorgonzola**	50 g
2 c. à soupe	**jus de citron**	30 ml
1/4 de tasse	**huile d'olive**	60 ml
au goût	**poivre**	

1 Dans une poêle, faire griller les pacanes quelques minutes avec un peu d'huile à feu moyen.

2 Dans un saladier, mêler les pacanes au raddichio, aux épinards et aux poires.

3 Mélanger les ingrédients de la vinaigrette ensemble. Si elle n'est pas assez liquide, vous pouvez ajouter 1 ou 2 cuillerées d'eau. Assurez-vous que le fromage bleu est bien émietté. Verser sur la salade avant de servir.

Salade au bleu

Pour la résistance

Plats

Dans la cuisine végétarienne, les plats de résistance sont très polyvalents et très variés. Vous passerez des omelettes aux ragoûts, en passant par les pâtes, les sandwichs et les plats cuisinés avec du tofu. Autant d'idées rapides pour remplir la panse de vos petits affamés. Vite fait et bien fait !

Tarte
aux lentilles

Vous serez surpris de constater à quel point cette tarte a du tonus et se tient bien.
Pour 4 personnes.

1	**fond de tarte**	
1 c. à soupe	**huile d'olive**	15 ml
1	**oignon, haché**	
1	**gousse d'ail, hachée**	
1	**carotte, coupée en dés**	
1 branche	**céleri, coupé en dés**	
1 boîte	**lentilles**	540 ml
1 boîte	**tomates italiennes**	398 ml
2 c. à soupe	**graines de sésame**	30 ml
2 c. à soupe	**câpres**	30 ml
1/2 c. à thé	**sarriette**	2,5 ml
3/4 de tasse	**cheddar fort, râpé**	75 g

1 Dans une poêle, faire revenir l'oignon et l'ail dans l'huile.

2 À feu moyen, ajouter graduellement le reste des ingrédients. Laisser réduire. Déposer dans le fond de tarte. Étendre le fromage râpé.

3 Cuire au four une vingtaine de minutes à 350 °F (175 °C).

Tarte aux lentilles

Tarte
à l'oignon

Pour 4 personnes. Une tarte dont le goût est très relevé.
Servir avec une salade verte bien vinaigrée.

1	**fond de tarte**	
1 c. à soupe	**moutarde de Dijon**	15 ml
1 c. à soupe	**huile d'olive**	15 ml
1	**oignon espagnol**	
1	**gousse d'ail**	
1	**tomate, coupée en tranches**	
3/4 de tasse	**fromage suisse, râpé**	75 g

1 Badigeonner le fond de tarte de moutarde de Dijon.

2 Dans une poêle, faire revenir à feu assez élevé l'oignon espagnol en lanières et la gousse d'ail hachée. Laisser caraméliser un peu. Déposer dans la tarte.

3 Ajouter les tranches de tomate et le fromage. Cuire au four à 350 °F (175 °C) une vingtaine de minutes. Faire dorer le fromage en fin de cuisson sous le gril.

Sandwich
aux légumes grillés

Pour 2 personnes. Un sandwich qui a du caractère.

2	**pains kaiser**	
au goût	**moutarde de Dijon**	
2	**courgettes**	
2 tranches	**oignon rouge**	
1/4 de tasse	**fromage de chèvre crémeux**	50 g
6	**champignons, tranchés**	
au goût	**luzerne**	
1	**tomate, coupée en tranches**	

1 Couper les courgettes en tranches minces dans le sens de la longueur. Déposer sur une plaque à biscuits avec un peu d'huile d'olive. Réserver une petite place pour les tranches d'oignon rouge. Mettre sur la grille du haut à 500 °F (260 °C). Tourner les légumes à mi-cuisson. Bien les surveiller pour ne pas qu'ils brûlent.

2 Pendant ce temps, trancher les pains kaiser. Étendre sur chacun de la moutarde de Dijon, le fromage de chèvre, les tranches de tomate et la luzerne.

3 Dans une poêle, faire revenir les champignons dans un peu d'huile et les déposer dans les sandwichs. Ajouter les courgettes et les oignons.

Sandwich
western coulant

Enceinte de mes enfants, je pouvais facilement engloutir deux de ces sandwichs…
Les puristes qui ont horreur du fromage jaune en tranches
pourront opter pour un fromage de type cheddar.

pain baguette
moutarde de Dijon
salade mesclun
tomate, coupée en tranches
oignon rouge, coupé en tranches
fromage jaune
1 œuf par personne

1 Couper un généreux morceau de pain baguette par personne et le vider de sa mie. Étendre dans chacun de la moutarde de Dijon, ajouter de la salade mesclun, une tranche d'oignon rouge, de la tomate et une tranche de fromage jaune. Mettre au four à 300 °F (150 °C) quelques minutes.

2 Pendant ce temps, faire cuire les œufs au miroir dans une poêle avec un peu d'huile. Déposer un œuf par sandwich. La première bouchée fera exploser le jaune d'œuf et rendra votre sandwich coulant.

Sandwich western coulant et sandwich aux légumes grillés

En bas : sandwich western coulant, en haut : sandwich aux légumes grillés.

113

Quiche
au riz

Pour les gens qui sont moins friands des pâtes feuilletées.

Pour la croûte

1 tasse	**riz basmati**	250 ml
2 tasses	**eau**	500 ml
1 noix	**beurre**	
1	**œuf**	

Pour la garniture

2 c. à soupe	**beurre**	30 ml
2 c. à soupe	**farine**	30 ml
1 tasse	**lait**	250 ml
1 c. à soupe	**huile d'olive**	15 ml
1	**oignon, haché**	
1	**gousse d'ail, hachée**	
1	**courgette, coupée en dés**	
1/2 paquet	**champignons tranchés**	115 g
1 tasse	**brocoli**	250 ml
1/2 c. à thé	**sel**	2,5 ml
au goût	**poivre**	
3/4 de tasse	**cheddar fort, râpé**	75 g
6	**pointes d'asperges**	

1 Avec une noix de beurre, faire cuire le riz dans l'eau 15 minutes au micro-ondes et laisser refroidir. Ajouter l'œuf au riz et former une croûte dans le fond d'une assiette à tarte.

2 Faire une béchamel au micro-ondes en faisant fondre le beurre avec la farine 30 secondes, puis incorporer le lait. Chauffer 6 à 7 minutes le temps que la sauce épaississe, en remuant régulièrement.

3 Dans une poêle, faire revenir les légumes dans l'huile, sauf les asperges qu'on peut faire ramollir quelques minutes à la vapeur. Mélanger les légumes à la béchamel et déposer dans la croûte. Ajouter le cheddar râpé, puis les pointes d'asperges en guise de décoration. Cuire au four à 350 °F (175 °C) une vingtaine de minutes.

Quiche au riz

Quiche
aux épinards

Une recette facile qui peut être préparée d'avance.
Un excellent repas à consommer sur le pouce accompagné d'une salade.

1	**fond de tarte**	
3/4 de tasse	**épinards, cuits**	180 ml
1 tasse	**brocoli**	250 ml
1/8 de tasse	**pignons, grillés**	30 ml
2	**œufs**	
1 tasse	**fromage ricotta**	250 ml
1/4 de tasse	**oignon, haché**	60 ml
1	**gousse d'ail, pressée**	
1/2 c. à thé	**sel**	2,5 ml
au goût	**poivre**	
1/3 de tasse	**parmesan frais, râpé**	75 ml

1 Faire cuire les épinards et le brocoli à la vapeur quelques minutes. Bien essorer les épinards.

2 Faire griller les pignons à sec dans une poêle à feu moyen.

3 Dans un bol, mélanger tous les ingrédients avant de déposer dans le fond de tarte. Ajouter le parmesan. Cuire au four une vingtaine de minutes à 400 °F (200 °C).

Quiche aux épinards

Sandwich
pita au tofu

Le tofu et la courgette forment un couple intéressant.
Pour un midi pressé en amoureux.

2	**pains pita**	
1 c. à thé	**huile d'olive**	5 ml
1/2 bloc	**tofu, coupé en juliennes**	225 g
1/2	**courgette, coupée en juliennes**	
2 c. à thé	**tamari**	10 ml
Pour la garniture		
1/2 tasse	**concombre, épépiné**	125 ml
3 c. à soupe	**crème sure**	45 ml
1/4 tasse	**cornichons sucrés, coupés en dés**	60 ml
1 pincée	**aneth**	
au goût	**sel et poivre**	

1 Dans une poêle, faire revenir le tofu et la courgette dans l'huile d'olive avec le tamari. Réserver.

2 Mélanger les ingrédients de la sauce ensemble. Garnir l'intérieur des pains pita avant d'ajouter le tofu et la courgette.

Omelette
au chou-fle

Une recette d'omelette facile
Servir avec

1 1/2 tasse	chou-f
4	œufs
1/2	oignor
1 c. à thé	tamari
1 c. à thé	sel
1/4 c. à thé	cari
au goût	poivre

1 Faire cuire
pratiquemen

2 Dans une
d'huile. Ajou

3 Battre les
mélange de c
d'un seul côt
pour faire cu

Sandwich pita au tofu

En bas : sandwich pita au tofu, en haut : croque bagel.

119

Croque
bagel

Pou

fron

1 Selo
deux.
tranch
une po

2 Dans
choix
Dépos

3 Garr
des Bo
Vous

4 Saup

Omelette
aux trois haricots

Une omelette aussi belle à regarder que bonne à manger. Pour 4 personnes.

1 c. à thé	huile d'olive	5 ml
1	gousse d'ail, hachée	
1/4	oignon espagnol, haché	
1/2	poivron rouge, coupé en dés	
1/2 tasse	haricots noirs en boîte	125 ml
1/2 tasse	pois chiches en boîte	125 ml
1/2 tasse	haricots rouges en boîte	125 ml
4	œufs	
au goût	sel et poivre	

1 Dans une poêle, faire dorer l'ail, l'oignon et le poivron dans l'huile.

2 Dans un bol, mélanger les haricots avec les œufs battus. Assaisonner et incorporer les légumes cuits.

3 Dans une poêle, à feu moyen, faire cuire l'omelette dans un peu d'huile.

Omelette aux trois haricots et omelette au chou-fleur

Omelette aux trois haricots et omelette au chou-fleur.

Club
s a n d w i c h

Pour 4 personnes avec une grosse faim. Servir avec de bonnes frites maison.

12 tranches	**pain de blé entier**	
	moutarde de Dijon	
1/2 tasse	**cheddar, râpé**	50 g
1/4 de tasse	**fromage de chèvre**	50 g
4 tranches	**oignon rouge**	
1	**tomate, coupée en tranches**	
	laitue au choix	
4 tranches	**tofu**	

Pour la marinade

1 c. à soupe	**tamari**	15 ml
1 c. à soupe	**huile**	15 ml
1 c. à soupe	**vinaigre balsamique**	15 ml
1	**gousse d'ail, pressée**	
1/4 c. à thé	**cari**	1 ml
au goût	**poivre**	

1 Faire tremper le tofu dans la marinade une vingtaine de minutes avant de le faire griller dans une poêle à feu élevé.

2 Entre deux tranches de pain grillé, déposer le tofu chaud entre le fromage cheddar et le fromage de chèvre. Le tofu fera fondre les fromages.

3 Entre les deux autres tranches de pain, ajouter le reste des ingrédients. Couper en quatre. Faire tenir avec des cure-dents.

Club sandwich

Tomate
farcie aux œufs

Un mélange de saveurs irrésistible. On oublie souvent que les œufs et les tomates vont très bien ensemble. Servir avec un bon pain. Pour 4 personnes.

4 grosses	**tomates**	
4	**œufs**	
1 c. à soupe	**huile d'olive**	15 ml
2	**gousses d'ail, hachées finement**	
2	**échalotes françaises, hachées finement**	
	persil séché	

1 Décalotter les tomates à l'aide d'un couteau, en coupant vers le cœur. Enlever suffisamment de tomate pour que l'œuf puisse s'y loger. Si la tomate ne tient pas bien à la verticale, on peut aussi couper une mince couche en dessous de la tomate.

2 Dans une poêle, faire revenir l'oignon et l'ail dans l'huile à feu moyen, jusqu'à ce qu'ils soient caramélisés. Déposer les tomates sur le lit d'échalotes et d'ail. Poursuivre la cuisson 5 minutes.

3 Casser les œufs dans le creux des tomates. Couvrir et laisser cuire jusqu'à ce que les œufs soient à votre goût. Assaisonner et décorer de persil séché.

Tomate farcie aux œufs

Œufs
durs aux lentilles

Servir avec un bon riz collant que vous pourrez tremper dans la sauce.
Pour 4 personnes.

4	œufs, cuits durs	
1/4 de tasse	lentilles du Puy	60 ml
1 c. à soupe	huile d'olive	15 ml
1	gousse d'ail, hachée	
1/2	oignon, haché	
1	tomate, coupée en dés	
1 tasse	lait de coco	250 ml
1/4 c. à thé	cari	1 ml
1/4 c. à thé	paprika	1 ml
1/4 c. à thé	gingembre moulu	1 ml
au goût	sel et poivre	

1 Dans un chaudron, faire cuire les lentilles dans l'eau bouillante une quinzaine de minutes. Égoutter.

2 Dans une poêle, faire ramollir l'ail et l'oignon dans l'huile. Ajouter le reste des ingrédients, dont les lentilles cuites.

3 Verser le mélange dans un plat de service. Déposer les œufs coupés en deux sur le mélange de lentilles. Décorer de paprika.

Œufs durs aux lentilles

Frittata

Cette omelette de pâtes est nourrissante et offre une texture un peu différente des omelettes habituelles. Excellente recette pour utiliser un reste de pâtes. Pour 4 personnes.

1 c. à soupe	**huile d'olive**	15 ml
1	**gousse d'ail, pressée**	
3 tasses	**spaghetti de blé entier, cuit**	750 ml
1 c. à thé	**tamari**	5 ml
1	**oignon**	
1/2	**poivron rouge, coupé en dés**	
4	**œufs**	
1 c. à thé	**sel**	5 ml
au goût	**poivre**	

1 Dans une poêle, faire revenir le spaghetti dans l'huile avec l'ail et le tamari. Réserver.

2 Dans la même poêle, faire revenir l'oignon et le poivron quelques minutes. Réserver.

3 Dans un bol, battre les œufs avant d'ajouter le mélange de pâtes et celui de légumes. Faire cuire la frittata comme une omelette dans une poêle à feu moyen.

Frittata

Pizza
garnie

En formule pita, la pizza devient un jeu d'enfant. Pour 4 personnes.

4	**pains pita**	
1 tasse	**sauce tomate du commerce**	250 ml
1 c. à soupe	**huile d'olive**	15 ml
1/2 bloc	**tofu, émietté**	225 g
1	**oignon, haché**	
1	**courgette, coupée en dés**	
2	**carottes, coupées en dés**	
1	**poivron rouge, coupé en lanières**	
1 tasse	**cheddar fort, râpé**	100 g
1 tasse	**fromage havarti, râpé**	100 g
	paprika	

1 Dans une poêle, à feu élevé, faire rôtir le tofu quelques minutes dans l'huile d'olive. Ajouter l'oignon, la courgette, les carottes et le poivron.

2 Pendant ce temps, répartir la sauce tomate sur les pains pita. Ajouter le mélange de légumes et les fromages râpés. Saupoudrer de paprika et enfourner à 400 °F (200 °C) une quinzaine de minutes. Terminer la cuisson sous le gril pour faire dorer le fromage.

Pizza
p e s t o

4	**grandes t**
1/4 de tasse	**pesto (vo**
2	**tomates**
2 tasses	**cheddar f**
	paprika

1 Répartir le pe
commerce si vo
pour le faire vo

2 Ajouter des tr
de fromage râp

3 Mettre au fo
(200 °C).

Pizza garnie, pizza pesto et pizza 4 fromages

En bas : pizza pesto, en haut à gauche : pizza garnie, en haut à droite : pizza 4 fromages..

133

Pizza

4 fromage

Pour les mordus de from

4	pai	
1 tasse	sau	
3/4 de tasse	ch	
3/4 de tasse	fro	
1/2 tasse	fro	
1/4 de tasse	pa	
	pa	

1 Répar
les from

2 Cuire
(200 °C
dorer le

Burritos

Servir cette sauce dans des tortillas bien roulées avec une généreuse portion de crème sure. Cochon !!! Pour 4 personnes.

8	tortillas	
1 c. à soupe	huile d'olive	15 ml
1	gousse d'ail	
1	oignon	
1	poivron rouge	
1/2	courgette	
1 boîte	tomates italiennes	398 ml
1 boîte	champignons	284 ml
1 tasse	haricots noirs en boîte	250 ml
1 c. à thé	herbes de Provence	5 ml
au goût	poivre	

1 Dans une grande poêle, faire revenir l'ail et l'oignon hachés dans l'huile.

2 Ajouter le poivron et la courgette coupés en dés, puis le reste des ingrédients dont les haricots noirs rincés et égouttés. Laisser mijoter une quinzaine de minutes à découvert, le temps de laisser réduire la sauce.

3 Servir dans les tortillas.

Burritos

Mini-
l a s a g n e s

Voici une façon de faire des portions individuelles de lasagne…
sans sombrer sous le poids des calories. Pour 4 personnes.

10 feuilles	**lasagne**	
1 c. à thé	**huile d'olive**	5 ml
1/2	**oignon, haché**	
1 tasse	**tomates italiennes en boîte**	250 ml
4 tranches	**tofu**	
au goût	**tamari**	
8	**champignons, tranchés**	
4 tranches	**fromage brie**	
4 tranches	**tomate**	

1 Faire cuire les feuilles de lasagne (de préférence sans rebords frisés) dans un chaudron d'eau bouillante salée. Égoutter et couper en deux.

2 Dans un petit chaudron, faire revenir l'oignon dans un peu d'huile et ajouter les tomates en boîte. Laisser mijoter 5 à 10 minutes.

3 Dans une poêle, faire griller les tranches de tofu dans un peu d'huile avec du tamari. On peut faire revenir les champignons dans la même poêle.

4 Dans une petite assiette pour chaque personne, déposer un morceau de lasagne, la moitié des champignons et de la sauce, lasagne à nouveau, la tranche de tofu, lasagne, une tranche de tomate, lasagne, la moitié des champignons et de la sauce, lasagne, pour terminer avec le fromage brie et un soupçon de sauce en garniture.

5 Mettre au four à 400 °F (200 °C) le temps que le fromage soit fondu.

138

Mini-lasagnes

Ragoût
de pois chiches

Pour 4 personnes. Le yogourt fait toute la différence dans ce ragoût.
Accompagner d'un simple riz blanc.

1 c. à soupe	**huile d'olive**	15 ml
2	**gousses d'ail, hachées**	
1	**oignon, haché**	
1/2 tasse	**navet, coupé en dés**	125 ml
1/2 tasse	**carottes, coupées en dés**	125 ml
1 boîte	**pois chiches**	540 ml
1 boîte	**tomates italiennes**	398 ml
20 feuilles	**épinard**	
1/2 tasse	**yogourt nature**	125 ml
1 c. à thé	**coriandre moulue**	5 ml
1/2 c. à thé	**curcuma moulu**	2,5 ml
1/2 c. à thé	**paprika**	2,5 ml
3 pincées	**cumin**	
au goût	**sel et poivre**	

1 Dans un grand chaudron, faire dorer l'ail et l'oignon
dans l'huile, avant d'ajouter le navet et la carotte.

2 Incorporer graduellement le reste des ingrédients, dont
les pois chiches rincés et égouttés.

3 Laisser mijoter une vingtaine de minutes et servir chaud.

Ragoût de pois chiches

Lentilles

crémeuses

Pour 4 personnes. Les lentilles s'utilisent à toutes les sauces.
En sauce crémeuse ? Un régal.

1 1/2 tasse	**lentilles du Puy**	375 ml
1 c. à soupe	**huile d'olive**	15 ml
2	**gousses d'ail, hachées**	
1/2	**oignon, haché**	
1/2	**courgette, coupée en dés**	
1 boîte	**tomates italiennes**	398 ml
1/2 c. à thé	**garam masala (épices)**	2,5 ml
1/2 c. à thé	**cari**	2,5 ml
1/4 c. à thé	**herbes de Provence**	1 ml
3 c. à soupe	**fromage de chèvre crémeux**	45 ml

1 Faire cuire les lentilles dans une grande quantité d'eau bouillante pendant une quinzaine de minutes et égoutter. Dans une poêle, faire revenir l'ail, l'oignon et la courgette dans l'huile, avant d'ajouter les tomates, les lentilles et les épices. Incorporer le fromage quelques minutes avant de servir pour donner la substance crémeuse au plat.

Lentilles

au cumin

Si vous voulez utiliser du riz sauvage pour cette recette, faites-le cuire une cinquantaine de minutes dans l'eau bouillante. Si vous n'avez pas le temps, mettre le double de lentilles. Pour 4 personnes.

1/2 tasse	**lentilles du Puy**	125 ml
1/2 tasse	**riz sauvage, cuit**	125 ml
1 c. à soupe	**huile d'olive**	15 ml
1	**oignon, haché**	
1	**gousse d'ail, pressée**	
1	**carotte, coupée en dés**	
1/2	**poivron vert, coupé en dés**	
1	**courgette, coupée en dés**	
1 boîte	**tomates italiennes**	398 ml
1/2 c. à thé	**paprika**	2,5 ml
1/2 c. à thé	**sel**	2,5 ml
1/4 c. à thé	**gingembre moulu**	1 ml
1 c. à thé	**cumin moulu**	5 ml
1/2 tasse	**crème sure légère**	125 ml

1 Faire cuire les lentilles dans l'eau bouillante une quinzaine de minutes.

2 Dans un chaudron, faire revenir les légumes dans l'huile quelques minutes. Ajouter les tomates, les épices, puis les lentilles et le riz. On peut ajouter 1/4 de tasse (60 ml) d'eau si le mélange est trop épais. Laisser mijoter 15 minutes. Ajouter la crème sure au moment de servir.

Lentilles crémeuses et lentilles au cumin

En bas : lentilles au cumin, en haut : lentilles crémeuses.

143

Ratatouille
aux lentilles

En pleine saison, en fin d'été, vous en aurez assez pour régaler vos voisins.
Voici une version spéciale de ratatouille. Pour 8 personnes.

3 c. à soupe	**huile d'olive**	45 ml
2	**gousses d'ail, hachées**	
1	**oignon, haché**	
4 tasses	**petites aubergines**	1 litre
4 tasses	**courgettes**	1 litre
4 tasses	**carottes**	1 litre
3/4 de tasse	**lentilles du Puy**	180 ml
1 boîte	**tomates italiennes**	796 ml
4	**tomates**	
1/2 tasse	**eau**	125 ml
1 c. à thé	**persil séché**	5 ml
1 c. à thé	**basilic séché**	5 ml
1/2 c. à thé	**origan séché**	2,5 ml
2	**feuilles de laurier**	
2 c. à thé	**sel**	10 ml

1 Couper vos légumes en gros morceaux pour que ce
soit agréable sous la dent.

2 Dans un chaudron, faire revenir l'ail et l'oignon dans
l'huile, avant d'ajouter graduellement tous les autres
ingrédients.

3 Laisser mijoter à feu moyen jusqu'à ce que les légumes
soient à votre goût. Vous pouvez ajouter un peu d'eau
si vous voulez une ratatouille plus juteuse.

Ratatouille aux lentilles

Chili
sin carne

Pour 6 personnes. Voici une version végétarienne et personnelle de cette recette ensoleillée. Vous pouvez présenter ce chili dans une miche de pain, comme sur la photo.

1 c. à soupe	**huile d'olive**	15 ml
1	**gousse d'ail, hachée**	
1	**oignon, haché**	
1	**carotte, coupée en dés**	
1	**courgette, coupée en dés**	
1 boîte	**tomates broyées en purée**	796 ml
1 boîte	**haricots rouges**	540 ml
2 tasses	**maïs surgelé**	500 ml
1 1/2 tasse	**eau**	375 ml
1 c. à soupe	**sucre**	15 ml
1	**piment chili**	
1 c. à thé	**coriandre moulue**	5 ml
1 c. à thé	**persil séché**	5 ml
1 c. à thé	**basilic séché**	5 ml
1/2 c. à thé	**paprika**	2,5 ml

1 Dans un grand chaudron, faire revenir l'ail et l'oignon dans l'huile, puis la carotte et la courgette. Ajouter graduellement le reste des ingrédients.

2 Laisser mijoter assez longtemps pour que les saveurs se mélangent. Servir.

Chili sin carne

Sauce
à spaghetti

Une façon toute simple de s'initier au tofu. Les enfants n'y verront que du feu.
Pour 6 à 8 personnes.

1 c. à soupe	**huile d'olive**	15 ml
1/2	**oignon espagnol, haché**	
1/2	**courgette, coupée en dés**	
5	**gousses d'ail, hachées**	
1 c. à soupe	**sauce soya**	15 ml
1/3 de bloc	**tofu**	150 g
1 boîte	**pâte de tomate**	156 ml
1 boîte	**sauce tomate**	398 ml
1 boîte	**tomates italiennes**	796 ml
3	**carottes, coupées en dés**	
1 branche	**céleri, coupé en dés**	
1 c. à soupe	**sucre**	15 ml
5	**clous de girofle**	
1 pincée	**poivre de cayenne**	
1 pincée	**cannelle**	
3	**feuilles de laurier**	
au goût	**sel et poivre**	

1 Dans un chaudron, faire sauter l'oignon dans l'huile jusqu'à ce qu'il soit légèrement caramélisé.

2 Ajouter la courgette et l'ail. Poursuivre la cuisson quelques minutes. Incorporer le tofu émietté et la sauce soya.

3 Attendre quelques minutes avant d'ajouter la pâte de tomate. Mélanger avant d'ajouter la boîte de tomates italiennes, la sauce tomate et le reste des ingrédients.

4 Laisser mijoter à feu moyen le temps que les carottes s'attendrissent.

148

Sauce à spaghetti

Tacos
au tofu

Le genre de recette qu'on adore et qui fait « crounch » sous la dent.
Pour 4 à 6 personnes.

	coquilles de tacos du commerce	
1 c. à soupe	huile d'olive	15 ml
1	oignon	
1	gousse d'ail	
1/2 bloc	tofu	225 g
1 tasse	tomates, coupées en dés	250 ml
6	champignons, tranchés	
1	carotte, râpée	
1/2	courgette, râpée	
1 c. à soupe	graines de sésame, grillées	15 ml
1 c. à soupe	tamari	15 ml

1 Dans une grande poêle, faire dorer l'oignon et l'ail hachés dans l'huile.

2 Ajouter le tofu émietté, les tomates, les champignons, la carotte, la courgette et le tamari. Terminer avec les graines de sésame que vous aurez préalablement fait griller à sec quelques minutes dans une petite poêle.

3 Remplir les tacos de la préparation. On peut garnir de cheddar râpé, de crème sure et de laitue avant de manger.

Tacos au tofu

Pâtes
vertes

Pour 4 personnes. Les petits pois et le citron feront exploser vos pâtes de saveur.

1 lb	pâtes fusilli	450 g
1 c. à soupe	huile d'olive	15 ml
5	oignons verts, en morceaux	
1/2 bloc	tofu, en cubes	225 g
1 c. à soupe	tamari	15 ml
1	courgette, coupée en dés	
2 tasses	haricots verts, coupés en deux	500 ml
1/2 tasse	pois surgelés	250 ml
3/4 de tasse	bouillon de légumes	180 ml
1 c. à thé	fécule de maïs	5 ml
1 c. à thé	gingembre frais, pressé	5 ml
2 c. à soupe	jus de citron frais	30 ml
au goût	sel et poivre	

1 Faire cuire les pâtes une dizaine de minutes dans l'eau bouillante salée. Rincer et égoutter.

2 Pendant ce temps, dans une grande poêle, faire revenir les oignons verts et le tofu dans l'huile avec le tamari. Ajouter les autres légumes. Poursuivre la cuisson quelques minutes.

3 Verser le bouillon et le reste des ingrédients. Laisser mijoter jusqu'à ce que les légumes soient cuits. Déposer sur les pâtes.

Pâtes vertes, pâtes bleues et pâtes rouges

En bas : pâtes vertes, au centre : pâtes bleues, en haut : pâtes rouges.

Pâtes
bleues

Pour 4 personnes. Une recette pour stimuler vos papilles gustatives.
Le fromage bleu prend tout son sens.

1 lb	pâtes linguini	450 g
1 c. à soupe	huile d'olive	15 ml
5	oignons verts, coupés en rondelles	
1	gousse d'ail, pressée	
1 1/2 tasse	lait	375 ml
3/4 de tasse	fromage bleu	75 g
1/2 paquet (4 oz)	épinards	115 g
1/8 de tasse	pignons, grillés	30 ml

1 Plonger les pâtes dans un chaudron d'eau bouillante salée une dizaine de minutes. Rincer et égoutter.

2 Pendant ce temps, dans une poêle, faire dorer les oignons verts et l'ail dans l'huile. Ajouter le lait, le fromage et les épinards hachés. Laisser mijoter une dizaine de minutes à feu moyen.

3 Dans une petite poêle, faire griller les pignons à sec quelques minutes et attendre à la dernière minute pour les ajouter à la sauce. Servir sur les pâtes.

Pâtes
rouges

Une recette de dépannage facile. Une vingtaine de minutes et c'est prêt.
Pour 4 personnes.

1 lb	**pâtes rigatoni**	450 g
2 c. à soupe	**huile d'olive**	30 ml
2	**gousses d'ail, hachées**	
1	**oignon, haché**	
1 boîte	**tomates italiennes**	796 ml
1/4 de tasse	**fromage à la crème**	60 ml
au goût	**sel et poivre**	

1 Faire cuire les pâtes une dizaine de minutes dans l'eau bouillante salée. Rincer et égoutter.

2 Dans un chaudron, faire revenir l'ail et l'oignon dans l'huile jusqu'à ce qu'ils soient dorés. Ajouter les tomates et laisser mijoter une quinzaine de minutes.

3 Réduire ce mélange de tomates en purée au robot culinaire avant d'ajouter le fromage à la crème. Laisser fondre et servir aussitôt sur les pâtes.

Pâtes
au chèvre

Si vous avez envie de découvrir la texture savoureuse des nouilles japonaises soba.
Pour 2 personnes.

1/2 lb	**pâtes soba**	250 g
3 c. à soupe	**pesto (voir recette page 92)**	45 ml
1 c. à thé	**huile d'olive**	5 ml
2	**gousses d'ail**	
4	**oignons verts**	
1	**courgette**	
2	**tomates, coupées en dés**	
1/3 de tasse	**fromage de chèvre crémeux**	75 g

1 Faire cuire les pâtes dans un chaudron d'eau bouillante salée. Si vous n'avez pas de pâtes soba, vous pouvez toujours opter pour des spaghettinis. Rincer, égoutter, enrober du pesto et déposer dans un grand plat allant au four.

2 Dans une poêle, faire revenir l'ail et les oignons verts hachés dans l'huile. Ajouter la courgette tranchée mince, les tomates et le fromage de chèvre émietté. Poursuivre la cuisson quelques minutes.

3 Déposer les légumes sur les pâtes. Cuire au four une dizaine de minutes à 400 °F (200 °C). Les pâtes deviendront légèrement croustillantes.

Pâtes au chèvre

Macaroni
tomates et fromage

Pour 4 personnes. Il est important d'utiliser un fromage fort pour donner du goût à cette recette.

1 lb	**macaroni de blé entier**	450 g
1 c. à soupe	**huile d'olive**	15 ml
1	**oignon, haché finement**	
4	**gousses d'ail, hachées finement**	
1 boîte	**tomates italiennes**	796 ml
1/4 de tasse	**eau**	60 ml
1 tasse	**cheddar fort**	100 g
1 pincée	**poivre de cayenne**	

1 Cuire les pâtes dans un chaudron d'eau bouillante salée une dizaine de minutes. Rincer et égoutter.

2 Pendant ce temps, dans une poêle, faire revenir l'oignon dans l'huile à feu moyen. Attendre que l'oignon ait bruni avant d'ajouter l'ail. Laisser caraméliser (presque noir) avant d'ajouter les tomates et l'eau. Laisser mijoter sans brasser. On peut secouer la poêle une fois de temps en temps.

3 Après une vingtaine de minutes, ajouter le poivre de cayenne et le fromage. J'aime bien quand le fromage est encore visible à l'œil au moment de servir sur les pâtes.

Macaroni tomates et fromage

Pâtes
du paradis aux pacanes

L'odeur qui se dégage de cette recette est digne du paradis.
C'est un mélange qui fond dans la bouche. Pour 4 personnes.

1 lb	**spaghetti de blé entier**	450 g
1 tasse	**pacanes, grillées**	250 ml
1/2 tasse	**mie de pain de blé**	125 ml
1/2 tasse	**persil frais**	125 ml
2	**gousses d'ail**	
1/3 tasse	**huile d'olive**	75 ml
3 c. à soupe	**beurre fondu**	45 ml

1 Faire cuire les pâtes dans un grand chaudron d'eau bouillante salée une dizaine de minutes. Rincer et égoutter.

2 Pendant ce temps, dans une poêle, faire griller à sec les pacanes quelques minutes à feu moyen. Faire dorer le pain de blé au grille-pain. Passer tous les ingrédients au robot culinaire en laissant au mélange une texture assez croquante. Déposer sur les pâtes.

3 Servir avec un bon fromage cheddar de chèvre, râpé finement.

Pâtes du paradis aux pacanes

Roulés à la ricotta
au fromage

Vous avez un peu de temps devant vous ? Essayez cette recette qui se fait en quelques étapes. Donne 8 petits roulés.

4 feuilles	**lasagne aux épinards**	
Pour la garniture		
1 c. à thé	**huile d'olive**	5 ml
1	**oignon, haché**	
1	**gousse d'ail, hachée**	
3 tasses	**épinards frais, hachés**	750 ml
1/2 tasse	**fromage ricotta**	125 ml
Pour la béchamel		
2 c. à soupe	**farine**	30 ml
2 c. à soupe	**beurre**	30 ml
1 1/4 tasse	**lait**	310 ml
au goût	**sel et poivre**	
1 tasse	**fromage emmental, râpé**	100 g
au goût	**paprika**	

1 Faire cuire les feuilles de lasagne (de préférence sans rebords frisés) dans l'eau bouillante salée. Rincer, égoutter et couper les pâtes en deux.

2 Dans une poêle, préparer la garniture en faisant revenir l'ail et l'oignon dans l'huile d'olive. Faire tomber les épinards et ajouter la ricotta.

3 Déposer la garniture dans les morceaux de lasagne, rouler et déposer dans un plat allant au four.

4 Préparer la béchamel au micro-ondes en faisant chauffer la farine et le beurre 30 secondes. Ajouter le lait. Remettre à chauffer au moins 6 à 7 minutes en brassant de temps en temps. Assaisonner. Verser sur les roulés. Garnir du fromage râpé et d'un peu de paprika. Faire gratiner au four et servir.

Roulés à la ricotta

Couscous
aux pruneaux

Les pruneaux donnent un parfum sucré à ce couscous divin. Pour 4 personnes.
Couper les légumes à votre goût, selon vos préférences.

2 tasses	**couscous**	500 ml
1 c. à soupe	**huile d'olive**	15 ml
2	**gousses d'ail, hachées**	
1	**oignon, haché**	
1	**poivron rouge**	
3	**carottes**	
2 tasses	**courge au choix**	500 ml
1/2 tasse	**navet**	125 ml
1 tasse	**patate douce**	250 ml
1/2 tasse	**pruneaux, coupés en deux**	125 ml
1/2 tasse	**pois chiches en boîte**	125 ml
1 tasse	**tomates italiennes en boîte**	250 ml
1 tasse	**bouillon de légumes**	250 ml
1	**courgette**	
1/2 c. à thé	**coriandre moulue**	2,5 ml
1/2 c. à thé	**curcuma**	2,5 ml
1/2 c. à thé	**paprika**	2,5 ml
1/2 c. à thé	**sel**	2,5 ml
au goût	**poivre**	

1 Dans un chaudron, faire gonfler le couscous dans 2 tasses d'eau bouillante et un filet d'huile d'olive.

2 Dans un chaudron, faire revenir l'ail et l'oignon dans l'huile, puis le poivron, les carottes, la courge, le navet et la patate douce. Après quelques minutes, incorporer la balance des ingrédients et laisser mijoter à couvert jusqu'à ce que les légumes soient cuits, en brassant de temps en temps. Servir avec le couscous.

Couscous aux pruneaux

Couscous

enrobé

On oublie souvent de cuisiner avec du couscous. Pourtant, c'est facile, rapide et abordable. Pour 2 à 4 personnes.

1 tasse	**couscous**	250 ml
3 c. à soupe	**huile d'olive**	45 ml
1	**oignon, haché**	
1	**gousse d'ail, hachée**	
2 c. à soupe	**vinaigre**	30 ml
1 c. à soupe	**tamari**	15 ml
1 c. à soupe	**cari**	15 ml
1 c. à thé	**cassonade**	5 ml
1/2 c. à thé	**sel**	2,5 ml
1/2 c. à thé	**coriandre**	2,5 ml
1 tasse	**pois surgelés**	250 ml
1 tasse	**maïs surgelé**	250 ml
1/2 tasse	**raisins secs dorés**	125 ml
1/2 tasse	**amandes effilées, grillées**	125 ml

1 Dans un petit chaudron, faire cuire le couscous dans 1 tasse (250 ml) d'eau bouillante avec un filet d'huile d'olive.

2 Pendant ce temps, dans une grande poêle, faire dorer l'oignon et l'ail dans l'huile. Ajouter le reste des ingrédients, dont le couscous. Garder les amandes pour la fin pour qu'elles restent croquantes. Vous aurez le temps de les faire griller à sec quelques minutes dans une petite poêle à feu moyen.

3 Bien mélanger tous les ingrédients ensemble et faire chauffer à feu assez élevé. Servir chaud ou froid.

Couscous - Petits grains de semoule de blé dur. Très consommé dans les pays du nord de l'Afrique.

Couscous enrobé

Tofu
sauce aux arachides

Recette à servir comme une petite friandise. Il est important de faire cuire les cubes de tofu à feu assez élevé pour qu'ils deviennent croustillants, tout en restant moelleux à l'intérieur. Pour 4 personnes.

1 c. à soupe	**huile d'olive**	15 ml
1 bloc	**tofu, coupé en cubes**	454 g
2 c. à thé	**tamari**	10 ml
Pour la sauce		
1/4 de tasse	**beurre d'arachide**	60 ml
3/4 de tasse	**lait de coco**	180 ml
1/8 de tasse	**bouillon de légumes**	30 ml
1/8 de tasse	**sauce soya**	30 ml
1/8 de tasse	**tahini**	30 ml
1	**gousse d'ail, pressée**	
1 c. à thé	**huile de sésame**	5 ml
1 c. à thé	**vinaigre de riz**	5 ml
2 c. à thé	**sucre**	10 ml
1 c. à thé	**gingembre moulu**	5 ml
au goût	**poivre de cayenne**	

1 Dans une poêle, faire sauter les cubes de tofu dans l'huile, à feu élevé. Ajouter le tamari après quelques minutes de cuisson.

2 Pendant ce temps, préparer la sauce en mélangeant tous ses ingrédients. La sauce servira à tremper les cubes de tofu. Cette recette est bonne chaude ou froide, accompagnée d'un riz ou d'une salade.

TAMARI - Fait à partir de fèves de soya, le tamari est un peu plus consistant que la sauce soya.

168

Tofu sauce aux arachides

Brochettes
de tofu

Voici une recette d'été qui donne le goût de cuisiner en plein air sur le barbecue.
Donne 6 belles et longues brochettes.

1 bloc	**tofu**	454 g
1	**poivron rouge**	
1	**poivron vert**	
2	**courgettes**	
1/2	**oignon rouge**	
12	**mini-tomates**	
12	**champignons**	

Pour la marinade

1/4 de tasse	**tamari**	60 ml
1/4 de tasse	**huile d'olive**	60 ml
1/8 de tasse	**vinaigre balsamique**	30 ml
3	**gousses d'ail, pressées**	
1 c. à soupe	**cari**	15 ml

1 Couper le tofu en cubes et les légumes en gros morceaux. Déposer dans un grand bol avec la marinade. Laisser reposer le plus longtemps possible en brassant de temps en temps.

2 Confectionner les brochettes. J'aime bien coller les morceaux d'oignon rouge aux cubes de tofu pour leur donner plus de goût.

3 Faire rôtir sur le barbecue en badigeonnant de la marinade. Servir avec du riz ou une salade.

Brochettes de tofu

Sauté
de légumes

Voici une recette inspirée des sautés de légumes à l'orientale.
Les arachides grillées donnent beaucoup de goût à ce plat. Pour 2 gourmands.

1 c. à soupe	**huile d'olive**	15 ml
1	**oignon, haché**	
1	**gousse d'ail, hachée**	
1/2 bloc	**tofu, coupé en cubes**	225 g
2	**carottes, coupées en dés**	
1 boîte	**châtaignes d'eau en tranches**	199 ml
1/2 paquet	**champignons tranchés**	115 g
3 c. à soupe	**tamari**	45 ml
1 c. à soupe	**vinaigre de riz**	15 ml
1 c. à soupe	**sucre brun**	15 ml
1 c. à soupe	**tahini**	15 ml
1	**piment chili**	
1 c. à thé	**gingembre en poudre**	5 ml
1/4 de tasse	**arachides, grillées**	60 ml
1 tasse	**fèves germées**	250 ml
2 tasses	**brocoli**	500 ml

1 Dans un wok ou une grande poêle, faire sauter l'oignon et l'ail dans l'huile, à feu assez élevé. Ajouter le tofu, les carottes, les châtaignes d'eau, les champignons et les ingrédients de l'assaisonnement.

2 Pendant ce temps, faire griller à sec les arachides dans une poêle à feu moyen. Incorporer au mélange du wok au même moment que le brocoli et les fèves germées.

3 Servir quand la cuisson des légumes sera à votre goût. Vous pouvez ajouter quelques feuilles de coriandre pour décorer.

172

Sauté de légumes

Curry
de légumes

Le bouillon de ce curry aux légumes est savoureux.
Et bonne nouvelle, il n'est pas très gras. Pour 4 personnes.

1 c. à soupe	huile d'olive	15 ml
1	oignon, haché	
2	gousses d'ail, hachées	
1 tasse	patates douces, coupées en dés	
3	carottes, coupées en tranches	
1 boîte	châtaignes d'eau en tranches	199 ml
1/2	poivron vert, coupé en dés	
1 tasse	lait de coco	250 ml
1 tasse	bouillon de légumes	250 ml
1 c. à thé	gingembre moulu	5 ml
1 c. à thé	cumin moulu	5 ml
2 c. à thé	coriandre moulue	10 ml
1	piment chili	
1 c. à thé	sel	5 ml
au goût	poivre	
1 tasse	courgettes, coupées en dés	250 ml
3 tasses	têtes de brocoli	750 ml
5 gros	champignons blancs	

1 Dans un chaudron, faire revenir les oignons dans l'huile avant d'ajouter l'ail, les patates douces, les carottes, les châtaignes d'eau et le poivron. Laisser cuire quelques minutes.

2 Incorporer les liquides et les épices. Laisser mijoter à couvert une dizaine de minutes.

3 Ajouter finalement les légumes à cuisson rapide : courgettes, brocoli et champignons. Poursuivre la cuisson encore une dizaine de minutes. Servir. Encore meilleur le lendemain !

Curry de légumes

Végé
burger

Pour 4 personnes. Voici une recette à base de tofu et de pomme de terre qui ne cherche en aucun temps à imiter le goût du hamburger traditionnel !

1/2 bloc	**tofu**	225 g
1/4 de tasse	**sauce soya**	60 ml
2	**pommes de terre, râpées**	
2	**gousses d'ail**	
1	**oignon**	
1 c. à thé	**moutarde de Dijon**	5 ml
1/8 de tasse	**tahini**	30 ml
1/4 de tasse	**flocons d'avoine**	60 ml
1/4 de tasse	**graines de tournesol**	60 ml
1/4 de tasse	**farine**	60 ml

1 Mélanger tous les ingrédients au robot culinaire, sauf les graines de tournesol qu'on aime complètes et croquantes. Façonner de grandes croquettes minces.

2 Dans une poêle, à feu moyen, cuire les croquettes dans une bonne quantité d'huile jusqu'à ce qu'elles soient bien dorées.

3 Servir dans un bon pain avec de la laitue, du fromage et des tomates.

TAHINI - C'est une pâte faite à partir de graines de sésame. On l'utilise pour le traditionnel hummus, mais également pour donner une touche spéciale aux vinaigrettes orientales.

Végé burger

Fondue
au fromage

Pour 4 personnes. Pour s'offrir un beau moment en amoureux
ou avec les gens qu'on aime. Prendre son temps devient un impératif.

2 c. à thé	**huile d'olive**	10 ml
1/4 de tasse	**échalote française**	60 ml
2	**gousses d'ail**	
1 tasse	**vin blanc**	250 ml
2 1/2 tasses	**fromage vacherin des Bois-francs, râpé**	250 g
2 1/2 tasses	**fromage suisse au choix, râpé**	250 g
1/2 c. à thé	**paprika**	2,5 ml

1 On commence ce régal en faisant chauffer l'huile à feu moyen dans un chaudron ou directement dans un caquelon. On ajoute l'échalote et l'ail hachés très finement.

2 Après quelques minutes, on incorpore le vin que l'on laisse réduire, avant d'ajouter les fromages râpés.

3 Une fois le mélange uniforme, on sert avec des croûtons de pain baguette que l'on aura fait griller au four quelques minutes à 400 °F (200 °C).

Fondue au fromage

Pâté chinois
aux patates douces

Les patates douces et le tofu transforment complètement ce grand classique...
pour le mieux. Pour 4 à 6 personnes.

Étape 1

1 c. à soupe	**huile d'olive**	15 ml
1	**gousse d'ail, hachée**	
1	**oignon, haché**	
1	**courgette, râpée**	
1/2 bloc	**tofu, émietté**	225 g
1/4 de tasse	**tamari**	60 ml
1 c. à thé	**coriandre moulue**	5 ml

Étape 2

2 tasses	**maïs surgelé ou en boîte**	500 ml

Étape 3

2 tasses	**patates douces**	500 ml
1/4 de tasse	**lait**	60 ml

1 Dans une poêle, à feu moyen, faire revenir l'ail, l'oignon,
la courgette et le tofu dans l'huile. Ajouter le tamari
et la coriandre. Poursuivre la cuisson 3 à 5 minutes.
Déposer dans un moule carré.

2 Ajouter l'étage de maïs.

3 Au robot culinaire, réduire en purée les patates douces
bouillies avec le lait. Déposer sur le maïs.

4 Cuire au four à 350 °F (175 °C) une trentaine de minutes.

Pâté chinois aux patates douces

181

Montagne
de polenta

La présentation de cette recette ne manquera pas d'attirer l'attention.
Donne 6 montagnes de polenta.

1 tasse	**semoule de maïs**	250 ml
4 tasses	**eau**	1 litre
1 pincée	**sel**	
1 c. à soupe	**huile d'olive**	15 ml
1/2	**oignon, haché**	
1	**gousse d'ail, hachée**	
1	**carotte**	
1/2	**courgette**	
10	**olives**	
5	**asperges**	
5 feuilles	**épinard**	
1 boîte	**tomates italiennes**	398 ml
1 c. à thé	**origan séché**	5 ml
au goût	**sel et poivre**	

1 Dans un chaudron, faire bouillir l'eau avec le sel. Ajouter graduellement la semoule de maïs. Brasser quelques minutes jusqu'à ce que la polenta épaississe. Déposer dans 6 moules à muffins. Laisser refroidir.

2 Pendant ce temps, dans une poêle, faire dorer l'oignon et l'ail dans l'huile, avant d'ajouter les autres légumes coupés en morceaux. Incorporer les tomates et l'origan. Laisser mijoter une quinzaine de minutes à feu moyen. Saler et poivrer au goût.

3 Pour le service, couper les muffins de polenta en deux à l'horizontale. Réchauffer ou griller dans une poêle avec un peu d'huile. Garnir de la sauce.

POLENTA - Semoule de maïs très fine que l'on mélange à de l'eau pour obtenir la texture désirée. Précuite, elle se prépare en quelques minutes.

Montagne de polenta

Chop Suey
végétarien

Pour 2 à 4 personnes. Délicieux avec des fèves germées encore croquantes.

1 c. à soupe	huile d'olive	15 ml
4	oignons verts, en morceaux	
1	courgette, coupée en juliennes	
1/2 bloc	tofu, coupé en juliennes	225 g
12	champignons, tranchés	
3 c. à soupe	tamari	45 ml
2 c. à soupe	parmesan frais, râpé	30 ml
12 gouttes	tabasco	
3 tasses	fèves germées	750 ml
au goût	sel et poivre	

1 Dans une grande poêle ou un wok, faire sauter les oignons verts dans l'huile d'olive quelques minutes.

2 Réduire légèrement le feu au moment d'ajouter la courgette, le tofu et les champignons. Assaisonner du tamari, du parmesan et du tabasco.

3 Attendre cinq minutes et incorporer les fèves germées avant de servir.

FÈVE GERMÉE - Au départ, le haricot mungo a l'allure d'une petite fève verte. En le faisant germer dans l'eau, il devient l'explosive fève germée.

Chop Suey végétarien

Paella
de légumes

30 minutes et vous aurez l'odeur magnifique de cette paella de légumes.
Pour 4 personnes.

1 c. à soupe	**huile d'olive**	15 ml
1	**gousse d'ail, hachée**	
1/2	**oignon espagnol, haché**	
1	**carotte, coupée en dés**	
20	**haricots verts frais**	
1/2 tasse	**haricots blancs en boîte**	125 ml
1/2 tasse	**pois surgelés**	125 ml
15 feuilles	**épinard**	
2	**tomates, coupées en dés**	
1 tasse	**riz**	250 ml
2 tasses	**bouillon de légumes**	500 ml
1 pincée	**safran**	0,25g
1/2 c. à thé	**paprika**	2,5 ml

1 Dans une grande poêle, faire dorer l'ail et l'oignon dans l'huile. Ajouter la carotte, les haricots verts, les haricots blancs, les pois, les épinards et les tomates. Vous pouvez plonger les tomates une minute dans un chaudron d'eau bouillante avant de les peler, de les épépiner et de les couper en dés.

2 Incorporer par la suite le riz, le bouillon et les épices.

3 À partir de ce moment, moins vous brasserez votre paella, meilleure elle sera. Laisser gonfler le riz (15 à 20 minutes). À la fin de la cuisson, on peut couvrir la paella d'un linge mouillé pendant quelques minutes pour permettre aux saveurs de bien se marier. Servir.

PAELLA - De la région de Valence en Espagne, la paella est un repas de fête. À l'origine, le plat était cuit sur la braise avec des légumes et des escargots.

Paella de légumes

Courge
farcie

Pour 2 à 4 personnes. Une recette qui connaît son heure de gloire à l'automne.
L'idée de partir le four nous réchauffe déjà les pieds.

1	**courge musquée ou poivrée**	
2 noix	**beurre**	
1 c. à soupe	**huile d'olive**	15 ml
1	**gousse d'ail, hachée**	
1/2	**oignon, haché**	
2 tasses	**courgettes, coupées en dés**	500 ml
2 tasses	**champignons, tranchés**	500 ml
6 c. à soupe	**crème sure légère**	90 ml
1 c. à soupe	**moutarde de Dijon**	15 ml
1 tasse	**cheddar, râpé**	100 g
	paprika	

1 Choisir une belle grosse courge, la couper en deux,
la vider et déposer une noix de beurre dans chacune
de ses cavités. Faire cuire au four une quarantaine de
minutes à 400 °F (230°C).

2 Pendant ce temps, dans une poêle, faire sauter l'ail,
l'oignon, la courgette et les champignons dans l'huile.

3 Ajouter la crème sure et la moutarde après quelques
minutes.

4 Remplir les morceaux de courge et ajouter le fromage
râpé. Décorer de paprika et faire gratiner au four avant
de servir.

Courge farcie

Asperges
vinaigrette

Pour 4 personnes. Une recette qui nous fait encore plus apprécier l'arrivée du printemps. Si vos asperges sont petites, prenez-en une quarantaine.

30	**asperges**	
1 c. à soupe	**graines de sésame, grillées**	15 ml
Pour la vinaigrette		
1 c. à soupe	**vinaigre de vin blanc**	15 ml
1 c. à thé	**moutarde de Dijon**	5 ml
1/8 de tasse	**huile d'olive**	30 ml
1 c. à soupe	**vinaigre balsamique**	15 ml
1 c. à thé	**sirop d'érable**	5 ml
1 pincée	**herbes de Provence**	
au goût	**sel et poivre**	

1 Casser le gros bout des asperges. Cuire quelques minutes à la vapeur. Laisser les asperges légèrement croquantes.

2 Pendant ce temps, dans une poêle, faire griller à sec les graines de sésame quelques minutes à feu moyen. Je préfère utiliser des graines de sésame non décortiquées.

3 Préparer la vinaigrette et verser sur les asperges. Ajouter les graines de sésame grillées.

Asperges vinaigrette

À gauche : asperges vinaigrette, à droite : artichauts citronnés.

Artichauts
citronnés

Voici une recette toute simple pour donner une touche citronnée à votre plat principal.
Pour 4 à 6 personnes.

2 boîte	**artichauts**	796 ml
2 c. à soupe	**huile d'olive**	30 ml
2	**gousses d'ail, hachées**	
2 c. à soupe	**jus de citron frais**	30 ml
2 c. à thé	**moutarde de Dijon**	10 ml
1/4 de tasse	**persil frais**	60 ml
au goût	**sel et poivre**	

1 Dans une poêle, faire revenir l'ail dans l'huile, avant d'ajouter les artichauts coupés en morceaux, le jus de citron, la moutarde et le persil haché.

2 Saler et poivrer au goût. Servir chaud.

ARTICHAUT - Il y a peut-être encore des gens aujourd'hui qui prétendent que l'artichaut a des vertus aphrodisiaques. Avant ses vertus, on l'aime pour son cœur, tendre et exquis.

Haricots
aux tomates

Pour 4 personnes. Une recette de haricots qui se laisse dévorer.

1 c. à soupe	**huile d'olive**	15 ml
1	**gousse d'ail, hachée**	
1	**oignon, haché**	
2	**tomates, coupées en dés**	
6 tasses	**haricots verts**	1,5 litre
1 c. à thé	**origan séché**	5 ml
au goût	**sel et poivre**	

1 Dans un chaudron, faire revenir l'ail et l'oignon dans l'huile. Ajouter les tomates et laisser mijoter quelques minutes. Incorporer les haricots équeutés et l'origan. Refermer le couvercle du chaudron.

2 Laisser mijoter jusqu'à ce que les haricots soient cuits.

3 Saler et poivrer au goût.

Carottes

parfumées

Pour 4 personnes. Une recette qui fait ressortir le goût sucré de la carotte.

3 tasses	**carottes**	750 ml
1 c. à soupe	**huile d'olive**	15 ml
1	**gousse d'ail, hachée**	
1/4 c. à thé	**cumin moulu**	1 ml
1 c. à thé	**miel**	5 ml
au goût	**sel et poivre**	

1 Couper les carottes en juliennes. Cuire 5 à 7 minutes à la vapeur.

2 Dans une poêle, faire revenir l'ail dans l'huile avant d'ajouter les carottes. Enrober la préparation de cumin et de miel avant de servir.

3 Saler et poivrer au goût.

Carottes parfumées

À gauche : carottes parfumées, à droite : haricots aux tomates.

Chou-fleur
au cari

Une recette qui accompagne à merveille une quiche ou une omelette.
Le cari parfume avec classe le chou-fleur. Pour 4 personnes.

1 gros	**chou-fleur**	
2 c. à soupe	**farine**	30 ml
2 c. à soupe	**beurre**	30 ml
11/4 tasse	**lait**	310 ml
1/2 c. à thé	**cari**	2,5 ml
1 c. à thé	**sel**	5 ml
au goût	**poivre**	

1 Faire cuire le chou-fleur en bouquets à la vapeur.

2 Pendant ce temps, dans un bol allant au micro-ondes, faire fondre le beurre avec la farine une trentaine de secondes. Ajouter le lait. Faire chauffer 7 à 8 minutes jusqu'à l'obtention d'une béchamel, en brassant de temps en temps. Assaisonner du cari, du sel et du poivre.

3 Dans un plat de service, verser la béchamel sur le chou-fleur.

Chou-fleur au cari

À gauche : chou-fleur au cari, à droite : brocoli sauce crémeuse.

Muffins
à la patate douce

Donne 9 beaux muffins, croustillants à l'extérieur et moelleux à l'intérieur.
Pour accompagner n'importe quel plat en sauce.

1 1/2 tasse	**farine**	375 ml
1/2 tasse	**semoule de maïs**	125 ml
1 c. à soupe	**poudre à pâte**	15 ml
1/2 c. à thé	**sel**	2,5 ml
1 tasse	**patate douce, râpée**	250 ml
1/2	**courgette, râpée**	
1/2 tasse	**oignon, haché**	125 ml
1	**gousse d'ail, hachée**	
1/2 tasse	**fromage suisse, coupé en dés**	125 ml
2	**œufs**	
1/4 de tasse	**beurre fondu**	60 ml
3/4 de tasse	**lait**	180 ml
1 c. à thé	**moutarde de Dijon**	5 ml
1 pincée	**poivre de cayenne**	

1 Mélanger les ingrédients secs dans un grand bol.

2 Battre les œufs avec le beurre fondu et le lait. Ajouter au premier mélange avec la moutarde et le poivre de cayenne.

3 Remplir les moules à muffins. Faire cuire au four à 400 °F (200 °C) pendant une vingtaine de minutes. Manger chaud ou froid.

Muffins à la patate douce et patatas bravas

Bette à carde

gratinée

La bette à carde a beaucoup de caractère. Vous aimerez son goût franc qui se rapproche de celui de l'épinard. Pour 4 à 6 personnes.

15 feuilles	**bette à carde**	
1 tasse	**fromage gruyère ou emmental, râpé**	100 g
au goût	**paprika**	

1 Faire cuire les feuilles de bette à carde 5 à 10 minutes à la vapeur. Bien les égoutter. Déposer dans un plat allant au four.

2 Ajouter le fromage râpé. Saupoudrer de paprika. Faire gratiner au four.

Bette à carde

et pommes de terre

C'est une recette d'inspiration espagnole. Pour 4 personnes.

1 c. à soupe	**huile d'olive**	15 ml
1	**gousse d'ail, hachée**	
4	**pommes de terre, coupées en dés**	
1 tasse	**tiges de bette à carde**	250 ml
1 tasse	**eau**	250 ml
2 c. à thé	**vinaigre**	10 ml
au goût	**sel et poivre**	

1 Dans un chaudron, faire dorer l'ail dans l'huile.

2 Ajouter les pommes de terre quelques minutes, puis l'eau et la bette à carde coupée en morceaux. Laisser cuire à feu moyen. Brasser en secouant le chaudron une fois de temps en temps jusqu'à ce que les pommes de terre soient tendres, mais encore légèrement croquantes.

3 Ajouter le vinaigre, le sel et le poivre.

Bette à carde gratinée

Au centre : bette à carde gratinée, autour : bette à carde et pommes de terre.

Courgettes
farcies

Voici un très joli plat à servir en accompagnement. Pour 4 à 6 personnes.
Les petites barques font fureur dans ma famille.

4	**courgettes**	
1 c. à thé	**huile d'olive**	5 ml
2	**échalotes françaises, hachées**	
1	**gousse d'ail, hachée**	
1	**carotte, coupée en dés**	
1/2 tasse	**pois chiches en boîte**	125 ml
2	**tomates italiennes**	
1/4 c. à thé	**sarriette**	1 ml
au goût	**sel et poivre**	
1	**œuf**	
1 tasse	**cheddar fort, râpé**	100 g
1 pincée	**paprika**	

1 Couper les courgettes en deux dans le sens de la longueur. Enlever la chair des courgettes à l'aide d'une petite cuillère et mettre de côté. Vous pourrez l'utiliser pour une autre recette.

2 Faire blanchir les courgettes deux minutes dans l'eau bouillante et réserver.

3 Dans une poêle, faire revenir les échalotes, l'ail et les carottes dans l'huile. Ajouter les pois chiches coupés en deux, les tomates coupées en dés, la sarriette, le sel et le poivre.

4 En fin de cuisson, incorporer l'œuf et remplir les courgettes du mélange.

5 Ajouter le fromage râpé, saupoudrer de paprika et faire gratiner au four.

Courgettes farcies

Aubergines
aux tomates

Pour 4 personnes. Faire en portion individuelle pour que ce soit plus esthétique au service. Accompagné d'une salade, c'est un plat qui peut se déguiser en vedette de votre repas.

1	**aubergine**
3	**tomates italiennes**
2	**courgettes**
12 tranches	**mozzarella**
au goût	**origan séché**

1 Couper 12 tranches d'aubergine et déposer sur une plaque à biscuits avec un peu d'huile d'olive et de sel.

2 Cuire au four à 400 °F (200 °C) une quinzaine de minutes.

3 Pendant ce temps, éplucher les courgettes et couper la chair en petits morceaux. Faire cuire quelques minutes à feu assez vif dans une poêle avec un peu d'huile.

4 Couper une quinzaine de tranches de tomates italiennes.

5 Dans l'assiette de chaque personne, déposer une tranche d'aubergine, une tranche de fromage, deux tranches de tomates, une autre tranche d'aubergine, le mélange de courgettes, encore du fromage et des tomates et répéter une dernière fois avec l'aubergine, le fromage et les tomates. On peut saupoudrer chacun des étages de tomates d'origan séché. Faire gratiner au four et servir.

Aubergines aux tomates

Poivrons
farcis

Une recette d'automne pour retrouver la douceur et la finesse des poivrons rouges.
Pour 4 personnes.

2	**poivrons rouges**	
1 c. à soupe	**huile d'olive**	15 ml
1/2	**oignon rouge, haché**	
1	**gousse d'ail, hachée**	
1 1/2 tasse	**lentilles en boîte**	375 ml
1/3 de tasse	**fromage de chèvre crémeux**	75 g
2	**tomates italiennes, coupées en dés**	
au goût	**sel et poivre**	

1 Couper les poivrons en deux. Enlever le cœur et les pépins. Plonger dans l'eau bouillante 3 minutes et réserver.

2 Dans une poêle, faire revenir l'ail et l'oignon dans l'huile, avant d'ajouter les lentilles, les tomates et le fromage de chèvre.

3 Remplir les poivrons. Déposer dans un plat allant au four. Cuire une vingtaine de minutes à 300 °F (150°C).

Poivrons farcis

Légumes grillés
au four

Pour 4 personnes. Un vrai délice dont vous ne pourrez plus vous passer. Couper les légumes en gros morceaux dans le sens de la longueur pour leur donner une allure uniforme.

1/2	**courge butternut**	
1	**patate douce**	
2	**carottes**	
2	**panais**	
1/4	**navet**	
1/2	**oignon espagnol, coupé en gros morceaux**	
1	**gousse d'ail, pressée**	
3 c. à soupe	**huile d'olive**	45 ml
1 c. à thé	**origan séché**	5 ml
1/2 c. à thé	**sel**	2,5 ml
1/2 c. à thé	**paprika**	2,5 ml

1 Faire tremper les légumes racines quelques minutes dans l'eau tiède. Assécher à l'aide d'un linge à vaisselle et déposer dans un bol.

2 Ajouter l'ail, l'huile et les épices avant de mettre sur une grande plaque à biscuits. Cuire au four une cinquantaine de minutes à 450 °F (230 °C) en brassant aux dix minutes.

Légumes grillés au four

Patates

deux couleurs

Pour donner un peu de couleur à votre plat principal. Pour 4 personnes.

3 tasses	**patates douces**	750 ml
3 tasses	**pommes de terre**	750 ml
1 c. à soupe	**beurre**	15 ml
1	**oignon, haché**	
2	**gousses d'ail, hachées**	
1 3/4 tasse	**lait**	430 ml
1/4 c. à thé	**muscade**	1 ml
1 c. à thé	**sel**	5 ml
au goût	**poivre**	

1 Éplucher les patates et les pommes de terre, les couper en tranches et les rincer.

2 Dans une grande poêle, faire revenir les oignons et l'ail dans le beurre avant d'ajouter les patates douces, les pommes de terre, le lait, la muscade, le sel et le poivre. Laisser mijoter une quinzaine de minutes à découvert avant de mettre dans un plat allant au four.

3 Faire un étage de patates douces, en alternance avec un étage de pommes de terre.

4 Enfourner à 400 °F (200 °C) une trentaine de minutes avant de servir. Vous pourriez ajouter un peu de cheddar râpé pour en faire un plat gratiné. Décorer de paprika.

Patates deux couleurs

Riz
pois et noix

Pour le juteux des pois et la richesse des noix. Pour 4 personnes.

1 c. à soupe	**huile d'olive**	15 ml
1/2	**oignon, haché**	
1	**gousse d'ail, hachée**	
1 tasse	**riz basmati**	250 ml
1 1/2 tasse	**eau**	375 ml
1/4 de tasse	**lait**	60 ml
1 pincée	**sucre**	
3/4 de tasse	**petits pois**	180 ml
3/4 de tasse	**noix de cajou et amandes effilées**	180 ml

1 Dans une poêle sur laquelle on peut mettre un couvercle, faire dorer l'ail et l'oignon dans l'huile.

2 Ajouter le riz. Bien remuer avant d'incorporer l'eau, le lait, le sucre et les petits pois.

3 Couvrir et mettre au four à 400 °F (200 °C) pendant une vingtaine de minutes ou jusqu'à ce que le liquide soit absorbé.

4 La touche finale appartiendra aux noix de cajou et aux amandes que vous aurez fait griller à sec dans une poêle quelques minutes à feu moyen.

Riz pois et noix, riz aux canneberges et cari et risotto aux tomates séchées 217

En bas : riz pois et noix, au centre : riz aux canneberges et cari, en haut : risotto aux tomates séchées.

Riz

aux canneberges et cari

Pour 4 personnes. Un riz coloré. Une explosion de saveurs. Un beau mélange sucré-salé.

1 tasse	**riz basmati**	250 ml
2 tasses	**bouillon de légumes**	500 ml
1/8 de tasse	**canneberges séchées**	30 ml
1 c. à soupe	**huile d'olive**	15 ml
1	**oignon, haché**	
1	**carotte, coupée en dés**	
1/2	**poivron rouge, haché finement**	
1/8 de tasse	**graines de tournesol**	30 ml
1 c. à thé	**sucre**	5 ml
1/2 c. à thé	**cari**	2,5 ml

1 Au micro-ondes, faire cuire le riz avec le bouillon de légumes et les canneberges 12 à 15 minutes. Réserver.

2 Dans une poêle, faire revenir l'oignon et la carotte dans l'huile. Ajouter le reste des ingrédients. Après une dizaine de minutes, incorporer le riz cuit.

CANNEBERGE - Petit fruit qu'on appelle aussi atoca, qui est d'origine amérindienne. On la cultive essentiellement en Amérique du Nord. On la consomme fraîche et séchée.

Risotto
aux tomates séchées

Pour un accompagnement réconfortant. Un risotto riche et crémeux. Pour 4 personnes.

1 c. à soupe	**huile d'olive**	15 ml
1	**oignon, haché**	
2	**gousses d'ail, pressées**	
1 tasse	**riz arborio**	250 ml
3 tasses	**bouillon de légumes**	750 ml
5	**tomates séchées dans l'huile**	
1/2 tasse	**pois surgelés**	125 ml
1/8 de tasse	**pignons, grillés**	30 ml
1/2 tasse	**parmesan frais, râpé**	125 ml

1 Dans un chaudron, faire chauffer le bouillon de légumes et réserver.

2 Dans une poêle, faire dorer l'oignon et l'ail dans l'huile d'olive avant d'ajouter le riz et de bien l'enrober. Réduire à feu moyen.

3 Ajouter graduellement le bouillon et continuer la cuisson. Attendre que le bouillon soit entièrement imbibé avant d'ajouter d'autre bouillon. Il faut vraiment y aller à petites doses.

4 Rendu au 2/3 du bouillon, ajouter les tomates séchées coupées en morceaux et les petits pois. En fin de cuisson, ajouter les pignons préalablement grillés à sec quelques minutes à feu moyen dans une poêle et le parmesan. Servir ausssitôt. C'est bon… tout de suite.

RISOTTO - Beaucoup consommé dans le nord de l'Italie, le risotto est reconnu pour sa rondeur et son croquant. Le riz arborio est le plus utilisé pour sa préparation.

Pour couronner le tout

Desserts

Pour la petite dent sucrée
qui sommeille en vous. Il y
a dans les pages qui suivent
des douceurs sucrées, des
petites bouchées santé pour
faire plaisir aux enfants et
de vrais desserts décadents
comme on les aime. Une fois
n'est pas coutume !

Bouchées
de bananes au miel

Voici un petit dessert d'inspiration orientale qui complète particulièrement bien un repas léger... Pour 4 personnes.

4	**bananes fermes**	
	farine blanche	
2	**œufs légèrement battus**	
	huile pour friture	
1/8 de tasse	**miel**	30 ml
1/8 de tasse	**graines de sésame**	30 ml

1 Couper les bananes dans le sens de la longueur et, sans détacher les deux moitiés, couper dans l'autre sens environ 8 tranches.

2 Plonger les morceaux dans la farine et les secouer pour enlever l'excédent de farine. Les enrober d'œufs.

3 Frire les morceaux de bananes dans l'huile très chaude jusqu'à ce qu'ils soient dorés. Égoutter sur du papier absorbant.

4 Faire chauffer le miel environ 15 secondes au micro-ondes pour le rendre plus liquide. Tremper les morceaux de bananes dans le miel puis dans une assiette remplie des graines de sésame.

Bouchées de bananes au miel

Fruits
à la crème

Je connais des gens qui feraient des kilomètres à pied pour un petit bol de ces fruits à la crème. Une recette pour mettre en valeur vos fruits frais. Pour 4 personnes.

2 c. à soupe	**beurre**	30 ml
2 c. à soupe	**farine**	30 ml
1 tasse	**crème 15 %**	250 ml
1/3 de tasse	**sucre**	75 ml
1/2 c. à thé	**vanille**	2,5 ml
4 tasses	**fruits frais**	1 litre

1 Dans un chaudron, faire chauffer le beurre, la farine et la crème jusqu'à épaississement. Ajouter le sucre et la vanille. Réserver.

2 Couper les fruits frais en morceaux, qui viendront s'ajouter à la crème. J'aime bien le mélange raisins rouges, fraises et melon miel.

3 Laisser refroidir un certain temps avant de servir.

Fruits à la crème, parfait aux fruits et salade aux trois fruits

En bas : fruits à la crème, au centre : parfait aux fruits, en haut : salade aux trois fruits.

225

Parfait
aux fruits

Un dessert léger que vous pourrez servir dans des coupes.
Vous pouvez tout aussi bien le réaliser avec des fruits frais qu'avec
des fruits surgelés et en boîte. À déguster hiver comme été. Pour 4 personnes.

2 tasses	**yogourt à la vanille**	500 ml
4 tranches	**ananas**	
1/2 tasse	**bleuets (myrtilles)**	125 ml
1/2 tasse	**fraises**	125 ml

1 Si vous utilisez des fruits surgelés, les faire chauffer légèrement au micro-ondes avant de concocter le dessert.

2 Dans chacune des coupes, déposer le quart du mélange de bleuets.

3 Ajouter 1/4 de tasse (60 ml) de yogourt, une tranche d'ananas coupée en petits morceaux, 1/4 de tasse (60 ml) de yogourt, et couronner le tout du quart du mélange de fraises.

Salade
aux trois fruits

Pour 4 personnes. Le jus de citron vient donner beaucoup de personnalité
à cette salade de fruits.

2 tasses	**ananas**	500 ml
2 tasses	**melon d'eau**	500 ml
2 tasses	**melon miel**	500 ml
3 c. à soupe	**jus de citron frais**	45 ml

1 Couper les fruits en gros morceaux. Les mettre dans
un bol avec le jus de citron.

2 Laisser reposer avant de servir, pour que les saveurs
se mélangent.

MELON MIEL - De la famille des cucurbi-
tacées, on l'appelle aussi honeydew. Pour
bien choisir son melon, on le prend lourd
et parfumé.

Délice aux pommes et croustade aux pommes

En bas : délice aux pommes, en haut : croustade aux pommes.

Délice
aux pommes

En saison, on cherche toujours des nouvelles recettes de desserts aux pommes. Contrairement à la croustade, les pommes se retrouvent sur le dessus. Pour 4 personnes.

1 1/3 tasse	**farine**	325 ml
1/2 tasse	**sucre**	125 ml
1 c. à soupe	**poudre à pâte**	15 ml
1 pincée	**sel**	
1/4 de tasse	**beurre**	60 ml
1	**œuf**	
3/4 de tasse	**lait**	180 ml

Pour la garniture

4	**pommes**	
2 c. à soupe	**sucre**	30 ml
1/4 c. à thé	**muscade**	1 ml
1/2 c. à thé	**cannelle**	2,5 ml

1 Mélanger les ingrédients secs de la pâte. Incorporer le beurre en coupant finement au couteau. Ajouter l'œuf battu et le lait en brassant à la fourchette. La texture de la pâte doit rester collante. Déposer dans un moule carré légèrement huilé.

2 Étendre les pommes épluchées et tranchées sur le dessus. Saupoudrer du mélange de sucre, de muscade et de cannelle.

3 Faire cuire à 350 °F (175 °C) une quarantaine de minutes.

Croustade

aux pommes

Donnez-vous la liberté de réduire un peu la quantité de cassonade si vous avez envie d'une croustade moins sucrée. Pour 4 à 6 personnes.

1 tasse	**farine**	250 ml
1 tasse	**flocons d'avoine**	250 ml
3/4 de tasse	**cassonade**	180 ml
1 c. à thé	**cannelle**	5 ml
1/2 tasse	**beurre fondu**	125 ml
5 tasses	**pommes**	1,25 l

1 Éplucher les pommes et les couper en tranches.

2 Dans un bol, mélanger le reste des ingrédients. Prendre le quart du mélange pour les pommes et déposer dans un moule. Mettre le reste du mélange sur le dessus.

3 Faire cuire à 350 °F (175 °C) une trentaine de minutes.

 POMMES - On cultive des pommes depuis 3000 ans. Et on ne compte plus ses variétés. Pour cuisiner, on aime celles qui restent fermes, comme la Cortland.

Grand-père
aux fraises

Les desserts aux fruits ont la cote. Et les fraises font l'unanimité.
Une recette quatre saisons qu'on peut faire avec des fraises surgelées,
ou avec n'importe quel petit fruit. Pour 4 à 6 personnes.

2 1/2 tasses	**fraises**	625 ml
1/4 de tasse	**sucre**	60 ml
3/4 de tasse	**eau**	180 ml
2 c. à soupe	**farine**	30 ml

Pour la garniture

1 tasse	**farine**	250 ml
1 c. à soupe	**sucre**	15 ml
2 c. à thé	**poudre à pâte**	10 ml
1/4 c. à thé	**sel**	1 ml
3 c. à table	**beurre**	45 ml
1	**œuf**	
1/3 de tasse	**lait**	75 ml

1 Faire chauffer les ingrédients du fond 7 à 8 minutes au micro-ondes, jusqu'à épaississement. Déposer dans un plat rectangulaire.

2 Dans un bol, mélanger la farine avec le sucre, la poudre à pâte et le sel. Incorporer le beurre en coupant finement au couteau. Ajouter l'œuf battu et le lait en remuant à la fourchette. La texture de la pâte doit rester collante.

3 Déposer des boules de pâte à la cuillère sur les fraises. Donne environ 8 monticules de pâte.

4 Faire cuire une vingtaine de minutes à 400 °F (200 °C).

Croûte rhubarbe
et fraises

Voici la recette de mon péché mignon. Le mélange acide-sucré est si savoureux qu'il devient difficile de s'arrêter. Pour 4 personnes.

2 tasses	**rhubarbe**	500 ml
2 tasses	**fraises**	500 ml
1/4 de tasse	**sucre**	60 ml
2 c. à soupe	**farine**	30 ml

Pour la croûte

1 tasse	**farine**	250 ml
3/4 de tasse	**cassonade**	180 ml
1/2 tasse	**beurre fondu**	125 ml
1 c. à soupe	**jus de citron**	15 ml
1/2 c. à thé	**sel**	2,5 ml

1 Faire chauffer les ingrédients du fond 4-5 minutes au micro-ondes, jusqu'à l'obtention d'un mélange onctueux. Déposer dans un moule allant au four.

2 Mélanger les ingrédients de la croûte et déposer sur le fond.

3 Faire cuire au four à 400 °F (200 °C) une trentaine de minutes.

RHUBARBE - Racine barbare qu'on cuisine encore avec réserve. Et pourtant, elle vient pimenter de nombreuses recettes de desserts. Amalgamée à la fraise, elle est savoureuse.

Croûte rhubarbe et fraises et grand-père aux fraises

En bas : croûte rhubarbe et fraises, en haut : grand-père aux fraises.

Muffins
à l'ananas

Des muffins en deux étapes, pour vous surprendre à chaque bouchée. Donne 10 muffins.

Pour les muffins

1 tasse	**farine**	250 ml
3/4 de tasse	**flocons d'avoine**	180 ml
1/4 de tasse	**cassonade**	60 ml
2 c. à thé	**poudre à pâte**	10 ml
1/2 c. à thé	**soda à pâte**	2,5 ml
1/4 c. à thé	**sel**	1 ml
1/4 c. à thé	**muscade**	1 ml
1 tasse	**ananas frais ou en boîte**	250 ml
1/2 tasse	**poires fraîches ou en boîte**	125 ml
1 c. à thé	**zeste de citron**	5 ml
1 c. à soupe	**jus de citron**	15 ml
1/3 de tasse	**huile végétale**	75 ml
1/3 de tasse	**yogourt nature**	75 ml
1	**œuf**	

Pour la garniture

1/4 de tasse	**flocons d'avoine**	60 ml
1/4 de tasse	**cassonade**	60 ml
2 c. à soupe	**pacanes hachées**	30 ml
2 c. à soupe	**beurre**	30 ml
1 pincée	**cannelle**	
1 pincée	**gingembre**	

1 Dans un bol, mélanger tous les ingrédients des muffins ensemble.

2 Déposer le mélange dans des petits moules à muffins en papier, parce que la pâte est friable.

3 Saupoudrer le mélange des ingrédients de la garniture. Faire cuire à 400 °F (200 °C) une quinzaine de minutes.

Muffins à l'ananas

Muffins aux bleuets, muffins aux bananes et muffins aux pommes.

Muffins
aux bleuets

Donne 9 muffins. Des muffins dont la texture moelleuse saura vous charmer.

1 tasse	farine	250 ml
1/4 de tasse	sucre	60 ml
1 c. à soupe	poudre à pâte	15 ml
1/2 c. à thé	bicarbonate de soude	2,5 ml
1/2 c. à thé	sel	2,5 ml
2	œufs	
3/4 de tasse	yogourt à la vanille	180 ml
1/2 tasse	lait de soya à la vanille	125 ml
2 c. à soupe	huile végétale	30 ml
3/4 de tasse	bleuets (myrtilles) frais ou surgelés	180 ml

1 Mélanger tous les ingrédients dans un grand bol en gardant les bleuets pour la fin pour ne pas trop les brasser.

2 Déposer dans des moules à muffins. Faire cuire au four une vingtaine de minutes à 400 °F (200 °C).

Muffins
aux bananes

Donne 12 muffins. Pour retrouver le bon goût du pain aux bananes, mais encore plus rapidement.

2 tasses	farine	500 ml
1/4 de tasse	cassonade	60 ml
1 c. à soupe	poudre à pâte	15 ml
1/2 c. à thé	sel	2,5 ml
1/2 c. à thé	muscade	2,5 ml
1/4 de tasse	amandes, effilées	60 ml
1/4 de tasse	pacanes	60 ml
1/2 tasse	raisins secs dorés	125 ml
1/3 de tasse	huile végétale	75 ml
1/2 tasse	lait	125 ml
1	œuf	
3	bananes, réduites en purée	
1/2 c. à soupe	jus de citron	7,5 ml

1 Mélanger tous les ingrédients dans un grand bol, en prenant soin d'avoir fait griller les noix dans une poêle quelques minutes à feu moyen.

2 Déposer dans des moules à muffins. Faire cuire à 400 °F (200 °C) une vingtaine de minutes.

Muffins
aux pommes

Des muffins qui font ressortir toute la saveur et la subtilité des pommes.
Donne 8 beaux muffins.

Pour les muffins

2	œufs	
1/2 tasse	cassonade	125 ml
1/2 tasse	huile végétale	125 ml
1 c. à thé	vanille	5 ml
1 1/2 tasse	farine	375 ml
1/2 c. à thé	cannelle	2,5 ml
1/2 c. à thé	soda à pâte	2,5 ml
2 tasses	pommes	500 ml
1/2 tasse	pacanes grillées	125 ml

Pour la garniture

1 c. à thé	sucre	5 ml
1/4 c. à thé	cannelle	1 ml

1 Dans un bol, mélanger tous les ingrédients ensemble.

2 Déposer dans des moules à muffins. Saupoudrer du mélange de la garniture. On peut ajouter une pacane sur chacun des muffins pour décorer. Faire cuire à 350 °F (175 °C) 15-20 minutes.

Biscuits
à l'avoine

Voici la recette que j'ai inventée la nuit précédant mon premier accouchement. Inspirant la maternité! Donne une trentaine de biscuits.

1 tasse	farine de blé entier	250 ml
1 tasse	flocons d'avoine	250 ml
1/3 de tasse	graines de tournesol	75 ml
1/3 de tasse	noix de Grenoble, hachées	75 ml
1/2 tasse	raisins secs	125 ml
1/2 tasse	cassonade	125 ml
1 c. à thé	poudre à pâte	5 ml
1/2 c. à thé	bicarbonate de soude	2,5 ml
1/4 c. à thé	cannelle	1 ml
1/2 c. à thé	sel	2,5 ml
1/2 tasse	compote de pommes	125 ml
1 c. à soupe	huile végétale	15 ml
1	œuf	
1 c. à thé	vanille	5 ml

1 Mélanger tous les ingrédients dans un grand bol.

2 Façonner des biscuits à la petite cuillère. Déposer sur une tôle à biscuits. Faire cuire à 400 °F (200 °C) une quinzaine de minutes.

Biscuits à l'avoine, aux arachides et aux brisures de chocolat

En bas : biscuits à l'avoine, au centre : biscuits aux arachides, en haut : biscuits aux brisures de chocolat.

Biscuits

aux brisures de chocolat

Qui dit non à une recette de biscuits aux brisures de chocolat ?
Personne. Donne 20 biscuits.

1/3 de tasse	**beurre fondu**	75 ml
1/2 tasse	**cassonade**	125 ml
1/2 c. à thé	**vanille**	2,5 ml
1	**œuf**	
1 tasse	**farine**	250 ml
1/2 c. à thé	**poudre à pâte**	2,5 ml
1/2 c. à thé	**sel**	2,5 ml
1/2 tasse	**noix de Grenoble, hachées**	125 ml
3/4 de tasse	**brisures de chocolat**	180 ml

1 Mélanger tous les ingrédients ensemble dans un bol.

2 Façonner des boules avec une cuillère qu'on viendra aplatir à la fourchette sur une tôle à biscuits. Faire cuire au four à 400 °F (200 °C) une dizaine de minutes.

Biscuits
aux arachides

Donne une quarantaine de biscuits. Vous pouvez couper la recette en deux si vous ne vivez pas avec une armée de gourmands. Ils se congèlent aussi facilement.

2 tasses	**farine**	500 ml
2 c. à thé	**poudre à pâte**	10 ml
1/2 tasse	**beurre fondu**	125 ml
1 tasse	**beurre d'arachides croquant**	250 ml
1 tasse	**cassonade**	250 ml
1/2 tasse	**sucre**	125 ml
2	**œufs**	

Pour la garniture

1/4 de tasse	**arachides**	60 ml
1/4 de tasse	**brisures de chocolat**	60 ml

1 Dans un bol, mélanger tous les ingrédients ensemble.

2 Faire des boules de pâte sur une tôle à biscuits et écraser à la fourchette. Mettre quelques arachides ou quelques brisures de chocolat sur chacun des biscuits pour décorer. Faire cuire à 400 °F (200 °C) une quinzaine de minutes.

Carrés
granola

Une collation parfaite pour le petit creux d'après-midi. Donne une vingtaine de carrés.

1/4 de tasse	**huile végétale**	60 ml
1	**œuf**	
1/4 de tasse	**cassonade**	60 ml
1 1/2 tasse	**flocons d'avoine**	375 ml
1/2 tasse	**noix de coco**	125 ml
1/2 tasse	**farine**	125 ml
1/4 c. à thé	**sel**	1 ml
1/4 c. à thé	**bicarbonate de soude**	1 ml
1/4 de tasse	**raisins secs**	60 ml
1/4 de tasse	**graines de citrouille**	60 ml

1 Dans un bol, mélanger tous les ingrédients ensemble.

2 Déposer un morceau de papier ciré dans le fond d'un moule ou sur une tôle à biscuits. Tasser le mélange en une croûte assez mince. Faire cuire une quinzaine de minutes au four à 400 °F (200 °C).

3 Sortir le papier ciré du moule. Laisser refroidir avant de couper en carrés.

Carrés granola

Mini-bouchées aux dattes et carrés aux dattes

En bas : mini-bouchées aux dattes, en haut : carrés aux dattes.

Mini-bouchées
aux dattes

Donne deux douzaines de petites bouchées.
Les dattes remplacent merveilleusement bien le sucre.

1/4 de tasse	**beurre fondu**	60 ml
1/8 de tasse	**cassonade**	30 ml
1 c. à thé	**vanille**	5 ml
1	**œuf**	
1/4 de tasse	**yogourt nature**	60 ml
1/2 tasse	**farine**	125 ml
3/4 de tasse	**flocons d'avoine**	180 ml
1/4 de tasse	**graines de tournesol**	60 ml
1 tasse	**dattes, coupées en morceaux**	250 ml
1/2 c. à thé	**soda à pâte**	2,5 ml
1/4 c. à thé	**cannelle**	1 ml
1/4 c. à thé	**sel**	1 ml

1 Dans un grand bol, mélanger tous les ingrédients ensemble.

2 Façonner des bouchées à la petite cuillère. Déposer sur une tôle à biscuits.

3 Faire cuire 15 minutes à 400 °F (200 °C) dans un four bien chaud.

Carrés
aux dattes

Tout le plaisir du goût des dattes au beau milieu d'un carré parfait.
Succès assuré. Donne 16 carrés.

Mélange de dattes

2 tasses	**dattes, coupées en morceaux**	500 ml
1/3 de tasse	**cassonade**	75 ml
1 1/4 tasse	**eau**	310 ml
1 c. à soupe	**farine**	15 ml

Mélange de gruau

1 tasse	**farine**	250 ml
1 c. à thé	**soda à pâte**	5 ml
1/2 tasse	**cassonade**	125 ml
2 tasses	**gruau**	500 ml
3/4 de tasse	**beurre fondu**	180 ml

1 Faire chauffer les ingrédients du mélange de dattes au micro-ondes jusqu'à l'obtention d'une sauce uniforme.

2 Laisser refroidir avant d'ajouter 1 c. à thé (5ml) de vanille.

3 Pendant ce temps, mêler dans un bol les ingrédients du mélange de gruau. Déposer la moitié de son contenu dans un moule carré, ajouter le mélange aux dattes, et recouvrir du reste du contenu en pressant légèrement.

4 Faire cuire au four à 400 °F (200 °C) une vingtaine de minutes.

Tarte
au citron

3 étapes pour 3 étages qui forment un tout délectable.
Laissez-en pour les gens que vous aimez…

Pour la croûte

1 1/4 de tasse	**miettes de biscuits Graham**	310 ml
1/4 de tasse	**beurre**	60 ml
1 c. à soupe	**sucre**	15 ml

1 Faire chauffer au micro-ondes les ingrédients de la croûte jusqu'à ce que le beurre soit fondu.

2 Déposer le mélange dans une assiette à tarte. On peut garder quelques miettes à saupoudrer sur le dessus de la tarte à la toute fin.

Pour la garniture

1 tasse	**sucre**	250 ml
1/4 de tasse	**fécule de maïs**	60 ml
1 1/2 tasse	**eau**	375 ml
1/4 c. à thé	**sel**	1 ml
3	**jaunes d'œufs**	
1/4 de tasse	**jus de citron frais**	60 ml
	le zeste d'un demi-citron	
1 c. à soupe	**beurre**	15 ml

1 Dans un chaudron, faire chauffer tous les ingrédients de la garniture à feu moyen jusqu'à épaississement. Déposer dans la croûte.

Pour la meringue

3	**blancs d'œufs**	
3 c. à soupe	**sucre**	45 ml

1 Faire monter les blancs en neige au malaxeur en ajoutant le sucre graduellement. Déposer sur la garniture. Ajouter quelques miettes de biscuits Graham.

2 Faire chauffer quelques minutes au four jusqu'à ce que la meringue soit dorée. Laisser refroidir.

Tarte
au sucre de grand-maman

On comprend vite pourquoi cette recette s'est transmise de génération en génération. Facile, mince… et divinement bonne. Pour 4 à 6 personnes.

1	**fond de tarte**	
2/3 de tasse	**cassonade**	150 ml
1 c. à soupe	**fécule de maïs**	15 ml
2/3 de tasse	**crème 35 %**	150 ml
	pacanes ou noix de Grenoble (facultatif)	

1 Mélanger la cassonade, la fécule de maïs et la crème dans un bol. Déposer dans le fond de tarte.

2 Ajouter des pacanes ou des noix de Grenoble au goût sur le dessus.

3 Faire cuire au four à 350 °F (175 °C) 25-30 minutes.

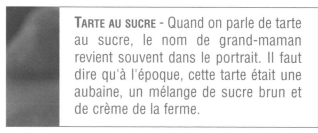

TARTE AU SUCRE - Quand on parle de tarte au sucre, le nom de grand-maman revient souvent dans le portrait. Il faut dire qu'à l'époque, cette tarte était une aubaine, un mélange de sucre brun et de crème de la ferme.

Tarte au sucre de grand-maman

Gâteau ricotta
et noix de coco

Un gâteau si vite préparé, que cela compensera pour les 40 minutes de cuisson. Pour 4 à 6 personnes.

2 tasses	**fromage ricotta**	475 g
3	**œufs**	
1/3 de tasse	**sucre**	75 ml
1/3 de tasse	**raisins secs dorés**	75 ml
1/3 de tasse	**noix de coco non sucrée**	75 ml
1/8 de tasse	**farine**	30 ml
	le zeste d'un demi-citron	
1 c. à soupe	**jus de citron**	15 ml
1 c. à thé	**vanille**	5 ml

1 Mélanger tous les ingrédients ensemble. Déposer dans un moule à gâteau rond huilé.

2 Faire cuire à 400 °F (200 °C) une quarantaine de minutes. Manger une fois refroidi.

RICOTTA - Fromage frais issu de l'histoire culinaire italienne. On l'utilise surtout avec les pâtes et dans la confection de desserts.

Gâteau ricotta et noix de coco

Crème

onctueuse

Mon fils ronronne à manger cette recette dérivée de la célèbre crème Budwig.
À manger au petit déjeuner, ou pour remplir un petit creux d'après-midi.
Pour 4 personnes.

1/2 tasse	**flocons d'avoine**	125 ml
1/2 tasse	**graines de tournesol**	125 ml
1/2 tasse	**graines de lin**	125 ml
1/2 tasse	**yogourt nature**	125 ml
1/2 tasse	**jus de pamplemousse pressé**	125 ml
1/4 tasse	**jus de citron pressé**	60 ml
1	**banane**	

1 Passer les flocons d'avoine, les graines de tournesol
et de lin au moulin à café.

2 Ajouter le yogourt, les jus de fruits et les bananes
écrasées. Brasser et déguster.

CRÈME BUDWIG - Elle a été créée par la docteure Kousmine, originaire de la Suisse. Chaque ingrédient de la crème Budwig a sa raison d'être et ses propriétés. C'est le point de départ explosif d'une journée.

Crème onctueuse

Index

À vos petits plats !